# 언 강을 건넌 사람들

사진으로 읽는 러시아 초기 한인사

**이원용**

1967년 충남 당진 출생
정치학 박사(러시아연방 대통령 소속 러시아사회과학아카데미)
'고려인센터 미르' 사무국장
한양대학교 '글로벌다문화연구원' 연구위원
국가기록원 해외사료수집 자문위원

저서 및 번역서
○ 고려인 인구이동과 경제환경(2005, 집문당)
○ 고려인 기업 및 자영업 실태(2006, 북코리아)
○ 러시아 중앙아시아 한상네트워크(2007, 북코리아)
○ 사할린 가미시스카 한인학살 사건 I(2009, 북코리아)
○ 러시아문서번역집 III[근대한러관계연구, 제정러시아대외정책문서보관소] (2011, 선인)
○ 러시아어 관용구집(2012, 북코리아)
○ 러시아문서번역집 IX[근대한러관계연구, 러시아국립문서보관소] (2013, 선인)

논문
○ 극동문서보관소 한인관련자료 현황(한국근현대사연구 54집, 2010.11)
○ 1937년 고려인 강제이주의 원인 및 과정(유럽사회문화 제7호, 2011.12)

# 언 강을 건넌 사람들

사진으로 읽는 러시아 초기 한인사

2021년 3월 25일 초판1쇄 발행
2021년 8월 30일 초판2쇄 발행

**지은이** 이원용 | **교정교열** 정난진 | **펴낸이** 이찬규 | **펴낸곳** 북코리아
**등록번호** 제03-01240호 | **전화** 02-704-7840 | **팩스** 02-704-7848
**이메일** sunhaksa@korea.com | **홈페이지** www.북코리아.kr
**주소** [13209] 경기도 성남시 중원구 사기막골로 45번길 14 우림2차 A동 1007호
ISBN 978-89-6324-753-3(93920)

값 15,000원

# 언 강을 건넌 사람들

사진으로 읽는 러시아 초기 한인사

이원용 지음

북코리아

# 살아남은 사람들의 잃어버린
# 역사를 찾아서

황문식(시화지구간척지 영농조합연대 대표)

이 책은 꼭 읽어보셔야 합니다.

특히, 우리나라 젊은이와 학생들이라면 더더욱 읽어보셔야 할 책입니다. 그래야 역사와 나라가 제대로 서고 이 땅의 젊은이들이 호연지기를 갖게 됩니다. "역사는 평가가 아닌 사실의 기록으로써만 남는다"라는 말이 있습니다. 새삼 말할 필요도 없이 역사는 인류가, 그 민족이 걸어온 삶의 발자취 자체이기 때문입니다.

이 책은 톺아서 기록하고 있습니다.

빈곤과 굶주림, 착취를 피해 그리고 일제강점기 나라의 독립을 위해 두만강을 건너 그 춥고 어두운 척박한 땅에서 삶의 둥지를 틀고 오늘날까지 핍박과 고난의 길을 걸어온 위대한 역사의 발자취를 우리가 온전히 이해하고 있는지, 그리고 바른 역사 이해의 전제를 기록으로 보전해나갈 수 있는 방편이 무엇인지를 스스로 깊이 자성하는 계기를 갖게 된다고 하겠습니다.

4년 전 고려인센터 '미르'에서 뵙게 된 이원용 박사님과 김승력 대표님은 연해주가 갖는 우리 조상님의 얽힌 역사와 삶의 시간 그리고 생명력의 가치를 잊지 않고자 러시아에서 활동하던 시절부터 꾸준히 노력해오신 분들입니다.

공적인 역사가 자주 놓치는 우리 선조님의 이주사 진실을 발품을 팔아 명확하고 구체적인 역사자료로서 기록·보관했다가 이번에 책으로 발간하게 되었습니다.

코로나19 시대를 맞아 소통과 공동체가 붕괴되는 상황으로 전 세계가 혼돈의 시기를 겪고 있습니다.

시화간척지에서 전통 자연농법과 개척의 삶결을 일구는 우리로서는 연해주와 간도 조상님의 개척역사를 밑재료로 삼아 득신의 시간을 헤아려보고, 개인적으로 연해주는 물론 러시아 극동지역에서 활발한 활동을 하셨다는 김치보 선생님에 대해 많은 관심을 가지고 있던 차에 흙과 연결된 끈이 되어 안산에서 살고 계시는 고려인 동포분들과 소통하며 함께하고 있습니다.

부족하고 왜곡된 역사교육을 받고 자란 우리에게 연해주는 헷갈림이 넘치는 땅입니다.

시작이 없는 옛날부터 과거의 기억을 지킬 수 있는 능력 함양이 필요한 이때, 이원용 박사님이 쓰신 『언 강을 건넌 사람들』이라는 제목의 이 책은 역사에 물을 수밖에 없었던 연해주 한인사 숙제를 단박에 두 눈을 뚜렷이 밝혀주었습니다.

이 책이 우리 국민 모두가 꼭 읽어서 감동으로 민족의 희망과 평화통일의 경이로운 기적을 일으키는 토양이 되길 간절히 바랍니다.

2021년 3월 17일

# 저자 서문

안산에는 고려인이 많이 산다. 이들은 스스로 '고려사람'이라고 부른다. 고려인은 같은 말이지만 우리가 부르는 이름이다.

고려인은 1991년 소련 붕괴 이후 우즈베키스탄, 카자흐스탄, 러시아, 우크라이나, 키르기스스탄 및 타지키스탄 등 서로 다른 국적을 지니게 되었다. 소련이라는 한 국가의 국적이었다가 서로 다른 나라의 국적을 지니게 된 것이다. 졸지에 친척들도 서로 다른 국적을 가지게 되었다. 러시아 지역에 살던 삼촌은 러시아 국적, 우즈베키스탄 지역에 살던 이모는 우즈베키스탄 국적, 우크라이나 지역에 살던 조카는 우크라이나 국적이라는 식으로.

한편으로 소련의 붕괴로 인해 거대한 혼돈이 왔으나, 다른 한편으로는 냉전체제가 해체됨으로써 이전에 갈 수 없었던 조상의 나라인 대한민국에 갈 수 있게 되었다.

이들이 한국에 오는 이유는 다양하다. 누군가는 조상의 땅에 정착해서 살고 싶은 바람, 어떤 이는 단지 조상의 조국을 보고 싶어서다. 그러나 대부분은 1991년 소련 붕괴 이후 아직까지 혼돈과 경제적 어려움에서 벗어나지 못하고 있는 구소련 지역 국가들에는 일자리가 없고 임금이 너무 낮기에 돈을 벌기 위해 한국에 오는 경제적 이주가 가장 많다. 하지만 대부분은 위에 열거한 이유가 겸사겸사 섞여 있다.

많은 젊은 부부들은 자녀를 한국인으로 키우기 위해 함께 데리고 온다. 한국의 어린이집에 다니게 되면 자연스럽게 한국말은 물론이고 한국문화를

체화시킬 수 있기 때문이다. 자신들은 한인 핏줄이면서도 다른 문화권에서 살았고, 한국어도 모르고 한국문화도 모르기에 자식들만큼은 한인으로 살아가기를 바라는 부모의 마음이다.

필자는 안산 한양대 앞에 있는 비영리민간단체인 '고려인센터 미르'에서 한국어 야학과 각종 상담을 하고 있는데, 자기 아이들을 한국의 어린이집이나 유치원에 입학시키기 원하는 젊은 부부들이 상담하러 많이 온다. 그들에게 "어린아이들은 놀이를 통해 자연스럽게 언어를 습득하는데, 어린이집에 1년 정도만 다니면 한국어는 물론 한국적 정서를 자연스럽게 습득한다"라는 필자의 말에 젊은 부부들은 얼굴에 한가득 미소를 머금는다. 그만큼 자식들만이라도 한인으로 살게 하고 싶고, 한인으로서의 정체성을 찾아주고 싶은 부모의 마음일 게다. 젊은 부부들만이 아니다. 현재 우즈베키스탄이나 카자흐스탄에서 중·고등학교에 다니는데 한국으로 전학시키고 싶다는 상담도 자주 있다. 그러나 필자는 이런 경우 그곳에서 대학에 입학한 후 한국으로 유학 오는 방식이 좋다고 조언한다. 이는 중·고등학생의 경우, 언어를 잘 모르면 학업을 따라갈 수 없기에 오히려 방황하게 될 가능성이 크기 때문이다.

한국에 온 고려인은 언어를 모르기에 대부분 인력사무소를 통해 막일이나 단순노무직에 종사한다.

이들 대부분은 러시아 극동지역에서 살았고 1937년 스탈린에 의해 낯선 중앙아시아 등지로 강제이주 되었는데, 강제이주는 이들에게 우리말과 문화를 잃게 하는 참담한 계기가 되었다.

그렇다면 연해주를 중심으로 러시아 극동지역에서 살던 한인(고려인), 즉 강제이주 이전 고려인의 삶은 어떠했을까? 이들은 한반도에 사는 우리와 다른 사람들이었을까? 이 책은 이러한 질문을 시작으로 얼마 남지 않은 귀한 사진과 그림 자료 설명을 통해 러시아 초기 한인의 모습을 살펴보고자 자료집 형태로 엮은 것이다.

이 책이 세상에 빛을 보기까지는 어려움이 많았다. 필자는 러시아 한인사에 대한 독자층이 엷을 것으로 판단하여 사실상 출판을 포기했었다. 그러나 우리 역사를 기록으로 남겨야 한다며 어려운 가운데에서도 물심양면으로 응원해주신 '시화지구간척지 영농조합연대' 황문식 대표님과 여러 선생님의 뜻으로 빛을 보게 되었다.

필자는 이 기회에 도움 주신 분들을 소개하고자 한다. '시화지구간척지 영농조합연대' 김종래 사무처장님과 이송배·표장손·윤상천·이학송 선생님 그리고 '시화지구간척지 평화를 만드는 여성회' 고미영·황명숙 공동대표님과 김명엽·도영옥·형영임·신미숙 선생님, '간척지 씨밀레 협동조합' 차선미 이사장님, 어려움에 처한 이웃을 외면하지 못하는 맑은 마음을 지녔으며, 본 책의 이름을 손수 지어주신 '안산다문화 작은도서관' 관장 김기영 박사님, 마지막으로 현재 모스크바국립종합대학교 역사학부에서 훌륭한 역사학자를 꿈꾸며 공부하고 있는 황두용 학생이다.

이분들은 우리 민족의 밝은 미래를 위해 동포를 지원하시고 동포와 함께 하시며 우리나라의 앞날을 고민하시는 분들이다. 필자는 이분들에게 한없는 감사를 드리며 러시아 한인사에 관심이 있으신 독자분들께 조금이나마 도움이 되기 바라는 마음 간절하다.

또한 고려인지원과 정착사업에 젊음을 바쳤고, 안산에 고려인지원센터 '너머'와 '미르'를 만들어 한국어 야학 및 각종 상담을 하고 있으며, 어렵게 모은 귀한 사진 사료를 이 책을 엮는 데 사용할 것을 흔쾌히 승낙한 김승력 대표님과 '고려인센터 미르'의 빠듯한 살림살이를 도맡아 하시는 한지혜 작가님께도 이 기회를 빌려 고마운 마음을 전한다.

2021년 3월 17일
'고려인센터 미르' 사무실에서

# 목차

# 언 강을 건넌 사람들

사진으로 읽는 러시아 초기 한인사

# 러시아 극동지역으로의 한인 이주

한인이 러시아 극동지역으로 최초 이주한 시기에 대해서는 몇 가지 견해가 있으나, 공식문서로 확인되는 것은 1863년 9월 21일자 연해주의 노보고로드스키(Новогородский) 국경감시소 책임자가 연해주군(軍) 총독에게 보낸 "한인 13가구가 빈곤과 굶주림 및 착취를 피하여 비밀리에 남우수리스크(Южно-Уссурийск) 뽀시에트 지역의 찌진헤(또는 '지신허'라고 함)에서 농사를 짓고 있고, 이들은 이곳에 정착하여 살게 허락해줄 것을 요청한다는 내용"의 보고서가 최초다.[2] 따라서 이들이 정확하게 언제 이곳으로 왔는지는 모르나 최소한 1863년 또는 그 이전에 이주했다고 볼 수 있다.

초기에 이곳으로 이주한 사람들은 어떻게 살았을까? 연해주로 이주한 후 곧바로 러시아 문화에 흡수되어 살았을까? 이에 대해 살펴보는 것 또한 의미 있는 일이라 생각된다.

한인이 최초로 이주한 연해주 남쪽에 위치한 뽀시에트 찌진헤는 두만강에서 아주 가깝고 바다를 끼고 있는 지역이다. 여기는 찌진헤강이 흐르는데, 이 강 옆에 자리를 잡아 농사를 지으면서 어로행위도 할 수 있어 정착하기 좋은 지역이다. 찌진헤강 옆에 마을을 세웠기에 마을 이름도 찌진헤다. 물론 이 마을의 공식 명칭은 1865년 러시아 당국에 의해 '랴자노보'로 이름이 바뀌지만, 한인은 '찌진헤'라고 불렀다.

---

1    지신허(地新墟)는 찌진헤를 한자로 음차한 명칭이다.

2    Ким Сын Хва, 『Очерки по истории советских корейцев』. Алма-Ата. 1965. c. 28.

한인 초가집(연해주, 19세기 말: 왼쪽 굴뚝으로 보아 구들을 놓은 집이다)

한인 농막(블라디보스토크, 우편엽서, 1900년)

한인 초가집(러시아 극동지역, 1895년)

블라디보스토크의 한인(1895년)

한인 마을[러시아 극동지역, 20세기 초, 아르세니예프(В. К. Арсеньев) 촬영]

한인촌의 초가(러시아 극동지역, 연도 미상)

　　연해주 최초의 한인 마을로 알려진 찌진헤(지신허) 마을의 순우리말 이름은 '삼거리'였다. 말 그대로 이 마을은 입구를 포함해 세 곳으로 갈라지는 삼거리에 위치해 있었기 때문이다. 1937년 강제이주로 인해 찌진헤 한인 마을은 사라지고 벌판으로 변했으나 지금도 이곳은 삼거리다.

　　이주한 한인은 이곳에서 점점 더 위쪽으로 올라가 또 다른 정착촌을 형성하기 시작한다. 남우수리스크의 얀치헤(또는 '연추'³라고도 함, 현재의 끄라스끼

뽀시에트 포구 전경(우편엽서, 1900년대)

---

3　　연추(煙秋) 또한 지신허와 마찬가지로 얀치헤를 한자로 표기하기 위해 음차한 명칭이다.

노), 시지미 등에 한인 정착촌을 만든다. 위 모든 마을의 공통점은 강을 끼고 있다는 점이다. 농사와 어로에 적합하기 때문이다.

1878년 실시된 인구조사에 의하면 연해주 남우수리스크 지역에만 한인 마을이 20개이고 한인 수는 6,142명에 달한다.[4]

또 찌진혜 마을과 마찬가지로 이주 초기 한인 정착촌인 얀치혜(연추)는 찌진혜 한인촌에서 조금 위쪽에 위치하는데, 여기도 얀치혜강이 흐른다. 초기 한인은 강 옆에 정착촌을 만들면서 자연스럽게 강 이름을 따서 마을 이름을 지었다. 얀치혜(연추) 한인 마을은 1908년 5월경 최재형, 이범윤, 이위종, 안중근 등이 최재형 선생의 집에서 조국 독립을 위해 동의회를 결성한 곳이기도 하다. 당시 러시아 지역 독립운동의 대부인 최재형 선생은 연추에서 살았다.

곧이어 같은 해 이범윤의 주도하에 홍범도, 안중근, 엄인섭 등이 참여하여 8월경 결성한 창의대 본부도 이곳에 있었고, 이곳에서 국내 진공을 목적으로 3~4천 명에 달하는 의병부대가 훈련했을 정도로 이곳 연추는 1900년대 초 항일무장투쟁의 중심지였다. 또한 안중근 의사가 11명의 동지와 함께 1909년 2월 7일 항일결사대인 동의단지회를 만들어 단지동맹을 한 곳도 연추의 하리라는 곳이고, 이토 히로부미 처단을 준비하며 기거했던 곳도 이곳 연추다.

문헌상으로는 한인촌에 대한 기록이 그나마 있지만, 당시 마을을 묘사한 그림이나 사진은 거의 없다. 다행히 얀치혜(연추) 마을을 볼 수 있는 그림이 있는데, 이는 사진을 그림으로 옮긴 것이다.

흥미로운 것은 이 그림 밑에 "한인 마을 얀치혜에서 동시베리아 소총대대 9중대의 8월 30일 정교회 앞에서 사열"이라고 러시아어로 쓰여 있는 점이다. 또한 이를 구경하는 한인이 왼쪽에 서 있는 점도 흥미롭다. 문헌에 의하면

---

4    『Корейцы и инородцы Южно-Уссурийского края Приморской области』(Инородческое население Приамурского края. вып.1)// Сборник главнейших официальных документов по управлению Восточной Сибирью. т.IV. Иркутск. 1883. с.57.

Наши окраины. — Русскія войска на далнемъ востокѣ. Церковный парадъ 30-го августа ротѣ 9-го восточно-сибирскаго стрѣлковаго баталъона въ корейской деревнѣ Янчихе.
Гравировано съ фотографіи К. К. Шульца, во Владивостокѣ.

얀치혜(연추) 한인 마을 러시아정교회 앞에서 군(軍) 사열 장면(1881년)

얀치혜 마을에 러시아정교회가 있었다고 나오는데, 이를 실물 그림으로 보는 일은 흥미롭다. 러시아 볼셰비키 혁명 이후 허물어버려 지금은 존재하지 않기 때문이다.

다음은 얀치헤 마을에 살던 한인 모습이다.

얀치헤 마을의 한인(연도 미상)

이주 범위 또한 급속히 넓어진다. 초기에는 연해주 아래쪽, 즉 두만강을 건너 한반도와 가까운 지역에 거주하기 시작했으나, 곧 연해주의 주도인 블라디보스토크를 포함한 연해주 전 지역으로 이주했다.

이미 1871년에는 연해주를 넘어 한참 위쪽으로 올라가 현재의 유대인자치주에 위치한 아무르강 지류인 사마라강 옆에 러시아 명칭으로 블라고슬로벤너예(Благословенное)라는 한인 마을을 만들어 정착한다. 이는 러시아당국이 한인을 불모지인 이곳으로 이주시켜 만들어진 마을이다.[5]

구소련 지역 고려인의 삶과 역사를 기록하고 조명하는 인터넷 잡지 「고려사람」(2014년 12월 18일자)에 의하면 당시 한인은 이 마을을 '사만리(四萬里)'라고 불렀다. 우리가 읽는 소리대로 발음하면 '사말리'가 된다. 이렇게 이름을 지은 이유는 사마라강에 우리 식으로 마을을 의미하는 '리'를 넣어 '사말리'라고 부른 것으로 보이는데, 사마리가 아니라 사말리라고 한 것은 한반도나

---

5     https://ru.wikipedia.org/ (Переселение корейцев в Россию).

당시 한인 대부분이 사는 연해주에서 아주 먼 곳에 있어서 그렇게 지은 것이 아닌가 추정된다고 한다. 마을 이름을 짓는 데서도 우리 민족의 지혜가 엿보인다. 또한 이미 1879년 사말리의 한인은 624명이나 되었다고 한다. 당시 한인은 사말리에 사는 사람을 가리켜 '사말리치'라고 불렀는데, 우리말의 장사치, 벼슬아치의 '치'는 사람을 의미하는 말로 '사말리에 사는 사람'이라는 뜻이다. 사말리 개척에 대한 기록은 계봉우 선생의『아령실기(俄領實記)』에도 나온다.

참고로 유대인자치주는 1934년 5월 7일 만들어졌으며, 당시에는 쁘리아무르주였다.

다음 사진들은 라닌(В. В. Ланин)이라는 러시아 사람이 1870년대에 사말리(블라고슬로벤너예) 한인 마을에서 촬영한 귀한 사진이다. 1870년대 사말리 한인을 사진으로 본다는 것도 흥미롭지만, 이 사진은 한인이 이곳으로 이주한 후 어떻게 살았는지를 추정할 수 있게 해준다. 흥미로운 점은 사진에서 볼 수 있듯이 그 먼 곳으로 이주한 후에도 당시 조선 사람들과 똑같은 복장을 하고 비녀를 꽂고 우리 고유의 풍습을 지키며 살았다는 점이다.

멍석을 3분의 1쯤 접어 배경으로 사진을 찍은 모습은 필자에게 매우 인상적인데, 이는 충청도가 고향인 필자의 어렸을 적 어른들이 멍석이나 돗자리를 뒤로하고 사진을 찍던 모습이 기억나기 때문이다. 물론 이것은 가난한 사람들의 경우다. 병풍이 있거나 좋은 집을 소유한 사람들은 멍석을 사용하지 않았다. 서민들이 중요한 사진을 찍을 때 가장 깨끗한 차림을 하고 주변 배경을 깨끗하게 하기 위함이었다고 생각된다.

멍석의 경우 이 지역은 위도가 높아 벼농사가 불가능하여 이 지역에서 재배가 가능한 곡물인 밀대나 보릿대로 만든 것으로 보인다. 또한 한인 초가집 옆 굴뚝에서 연기가 나오는 모습이 보이는데, 이는 우리 식으로 구들을 놓은 집이라는 것을 알게 해준다.

사말리 마을의 한인(1870년대)

사말리 마을의 한인 초가(1870년대)

같은 시기에 찍은 것으로 추정되는 라닌의 사진이 또 한 장 있다.

라닌은 이 사진을 촬영한 곳이 아무르 지역이라는 점과 한인 여인들이라고 적고 있다.

한인 여인들(아무르 지역, 1870년대)

마찬가지로 당시에는 쁘리아무르주였고 현재는 유대인자치주에 위치한 '인(ИН)'이라는 기차역 주변에도 한인이 집단으로 살았다. 사말리, 즉 블라고슬로벤노예 마을과는 대각선으로 정반대인 먼 내륙에 있다.

다음 사진인 인역의 한인 모습은 유대인자치주 형성을 돕기 위해 1929년 이 지역을 방문한 미국인이 촬영한 사진들이다.[6]

---

6    출처: http://nasledie-eao.ru. «Экспедиция Американской ассоциации помощи еврейской колонизации в СССР (ИКОР). 1929»).

　　이곳의 한인은 주로 기차역 주변에 초가집을 짓고 농사를 지으며 채소를
재배하여 역에서 팔기도 하며 살았던 것으로 보인다. 초가의 형태나 한복을
입고 비녀를 꽂은 모습이 당시 조선의 아낙네들과 전혀 다르지 않다.
　　이렇게 러시아 극동지역으로 한인의 이주는 아주 빠르게 진행되었으며,
이후 이주는 러시아 극동지역 곳곳으로 넓혀져간다.

인역 전경(1929년)

인역 근처 초가의 한인 여성(1929년)

인역 근처의 한인 초가집들(1929년)

인역에서 채소를 파는 한인(1929년)

　　러시아 시베리아 역사학술지인 「시비르스카야 자임까(Сибирская Заимка)」 (2012년 4월 6일자 인터넷판)에 의하면, 1901년 당시 러시아 극동지역에 존재하는 다른 민족과 섞인 마을을 제외한 순수한 한인 마을은 57개였다고 한다. 또한 이 잡지는 한인 마을 이름과 생성된 연도 및 광역지역까지 모두 적고 있다. 참고로 인역 근처의 한인 마을은 한인으로만 구성된 마을이 아니었기에 이 잡지의 한인 마을 목록에는 빠져 있다.

　　다음은 「시비르스카야 자임까」에 실린 한인 마을 목록을 번역한 것이다.

### 19세기 후반의 러시아 극동지역 한인 마을

| 지역 | 마을 이름 | 설립연도 |
| --- | --- | --- |
| 남우수리스크 지역<br>(Южно-Уссурийский<br>край) | 상찌진헤(Тизинхе Верхнее, 삼거리) | 1863/1864 |
| | 상아지미(Адими Верхнее) | 1864 |
| | 상얀치헤(Янчихэ Верхнее, 상연추) | 1864 |
| | 푸두바이(Фудувай) | 1864 |
| | 하아지미(Адими Нижнее) | 1864 |
| | 상시지미(Сидеми Верхнее) | 1866 |
| | 하시지미(Сидеми Нижнее) | 1866 |
| | 하얀치헤(Янчихэ Нижнее, 하 연추) | 1867 |
| | 까르사코프스커예(Карсаковское) | 1867 |
| | 뿌찔로프까(Пуциловка, 육성촌) | 1867 |
| | 씨넬니코보(Синельниково) | 1867 |

| | | |
|---|---|---|
| 남우수리스크 지역 (Южно-Уссурийский край) | 자레치예(Заречье, 봉소) | 1868 |
| | 끄라스너예 셀로(Красное Село, 녹둔) | 1868 |
| | 바라노프까(Барановка) | 1869 |
| | 끄라우노프까(Кроуновка) | 1869 |
| | 파타쉬(Фаташи) | 1869 |
| | 하찌진헤(Тизинхэ Нижнее, 강소) | 1869 |
| | 하지다(Хаджида) | 1869 |
| | 노바야 제레브냐(Новая Деревня) | 1869 |
| | 상로마노프까 또는 푸루겔모프까 (Верхне-Романовка 또는 Фуругельмовка) | 1869/1870 |
| | 까자케비체보(Казакевичево) | 1871 |
| | 안드레예프까(Андреевка) | 1871 |
| | 니꼴라예프까(Николаевка, 신영동) | 1872 |
| | 끄라베(Краббе) | 1872 |
| | 차삐고우(Чапигоу, 차삐골) | 1873 |
| | 고가세이(Когасеи) | 1873 |
| | 싸벨로프까(Савеловка) | 1875 |
| | 랴자노바(Рязанова) | 1878 |
| | 끌레르끼(Клерки) | 1880 |
| | 나고르너예(Нагорное) | 1880 |
| | 싼쩨까우(Санцекау) | 1883** |
| | 우샤가우(Ушагау) | 1883** |
| 남우수리스크 지역 (Южно-Уссурийский край) | 함발루아(Хамбалуа) | 1883** |
| | 마이허(Майхе) | 1883 |
| | 치무허(Чимухе) | 1883** |
| | 수찬(Сучан, 수청) | 1883** |
| | 따우지미(Таудеми) | 1883 |
| | 께드로바야 빠지(Кедровая Падь) | 1884 |
| | 수하노프까(Сухановка) | 1885 |
| | 뻬스차노예(Песчаное) | 1885 |
| | 몽구가이(Монгугай) | 1885 |
| | 부르씨예(Брусье) | 1889 |
| | 꼬발짠(Ковалтян) | 1889** |
| | 상몽구가이(Верхний Монгугай) | 1890 |

| | 암바베라(Амбабера) | 1892 |
|---|---|---|
| 남우수리스크 지역<br>(Южно-Уссурийский<br>край) | 뻐드고르너예(Подгорное) | 1899 |
| | 그랴드이(Гряды) | 1901** |
| | 추리혜(Чурихэ) | 1901** |
| | 뻬스차나야(Песчаная) | 1901** |
| | 하랴자노프까(Рязановка Нижняя) | 1901** |
| | 쑤하야 레까(Сухая Речка) | 1901** |
| 북우수리스크 지역<br>(Северно-Уссурийский<br>край) | 아씨뽀프까(Осиповка) | 1891 |
| | 알렉산드로-미하일로프까(Александро-Михайловка) | 1898 |
| | 엘레쏘스노프까(Елесосновка) | 1899 |
| | 압구스또프까(Августовка) | 1901 |
| | 루끼야노프까(Лукьяновка) | 1901 |
| 아무르 지역(Амур) | 블라고슬로벤너예(Благословенное, 사말리[7]) | 1871 |

** 설립연도가 명확하지 않은 마을이며, 문헌에 처음 언급된 연도를 기재한 것임(원주)

러시아 인구조사 통계는 1897년 러시아 극동지역 한인 수를 2만 5,900명으로 기록하고 있다.[8] 그러나 이 통계는 신뢰하기 어렵고, 한인 수는 훨씬 더 많았을 것으로 추정된다. 왜냐하면 당시 많은 한인이 외진 곳에 정착촌을 이루고 살았으며 인구 유입 및 이동이 잦은 시기였다. 따라서 당시 인구조사를 위한 행정력이 광대한 러시아 극동지역 전체를 정확하게 담보하기란 사실상 불가능했다. 이는 당시 비슷한 시기에 나온 통계들이 서로 크게 다르다는 데서도 알 수 있다.

예를 들어 1912년 블라디보스토크에서 발행된『한국의 통계지리 개요 (Статистико-географический очерк Кореи)』에 의하면, 이미 1910년경 블라디보스토크시의 한인 수는 5,834명, 우수리스크시 2,284명, 하바롭스크주 하바롭스크시 638명, 하바롭스크주의 항구도시인 니콜라옙스크-나-아무레에는

---

7    오른쪽에 따로 표시한 명칭은 당시 한인이 우리 식으로 부르던 마을 이름을 적은 것임. Р. Ш. Джа-рылгасинова. Историческая топонимия корейских поселений на российском Дальнем Востоке (вторая половина XIX – начало XX в.)「Этнографическое обозрение」2004 г., No. 4. 참조.

8    http://sibhistory.edu54.ru/КОРЕЙЦЫ // 시베리아역사 백과사전, 2009.

1,541명의 한인이 거주했다. 또한 위 도시들을 제외한 농촌지역, 즉 우수리 스크 지역, 이만 지역, 올가 지역, 하바롭스크 지역 및 우트 지역의 농촌인구 는 4만 477명이다. 이 통계에 따르면 러시아 극동지역 전체를 아우르지 않았 는데도 한인 수가 5만 774명이 된다.[9]

반면 1913년 4월 연해주 군총독이 쁘리아무르주 총독부로 보낸 보고서 에 의하면, 1910년 연해주의 한인 수는 5만 4,076명(러시아 국적 취득자 1만 7,080명; 미취득자 3만 6,996명)이고, 1911년 한인 수는 5만 7,289명(러시아 국적 취득자 1만 7,476명; 미취득자 3만 9,813명)이었다(러시아국립극동역사문서보관소, 문서군 702, 문서목록 1, 문서철 700, 373.).

따라서 1913년 4월 연해주 군총독이 쁘리아무르주 총독부로 보낸 보고 서에 적시된 1910년 연해주의 한인 수가 연해주뿐만 아니라 러시아 극동의 일 부 지역을 포함한『한국의 통계지리 개요』의 1910년경 한인 수보다 오히려 더 많다.

이미 위에 언급한 것처럼 한인은 이주 초기부터 한반도에서 아주 먼 곳까 지 나아가 정착한다. 그러나 한인 마을 표에서도 알 수 있는 바와 같이 압도 적으로 다수가 거주하는 지역은 역시 연해주였다. 연해주만 해도 한반도의 3/4 면적으로 상당히 큰 영토다. 한인은 한반도에서 가까운 곳부터 시작하여 연해주 곳곳에 정착한다.

블라디보스토크에서 차로 3시간가량 거리에 '수찬'(현재의 빠르티잔스크)이 라는 곳이 있다. 러시아 문헌(위키백과사전)에 의하면 수찬강 왼쪽에 '니콜라예 프까'라는 한인 마을이 1872년 세워졌고, 1915년경에는 351명의 한인이 이 마 을에 살았다고 한다. 이 마을 이름이 '니콜라예프까'라고 명명된 데는 두 가 지 설이 있는데, 가장 유력한 설은 이 마을에 '니콜라이'라는 이름을 가진 부

---

9    Н. В. Кюнер. Статистико-географический и экономический очерк Кореи. Часть. 1. Статистико-
     географический очерк Кореи. Владивосток, 1912, с. 253.

수찬 지역의 제2광산(1911년경)

한인 초가집(수찬 광산지역, 1913년)

한인 초가와 나란히 옆에 있는 러시아인 집
(수찬 광산지역, 1913년)

자 한인이 살았기에 그의 이름을 따서 마을 이름을 지었다고 한다. 이곳에 살던 한인은 농사도 지었지만, 수찬에 광산이 많았기에 광산노동에도 많이 종사한 것으로 문헌들은 전한다.

당시 한인은 니콜라예프까 마을을 '신영동' 또는 '신영골'이라고 불렀다. 심지어는 1937년 강제이주 된 후 우즈베키스탄의 타쉬켄트주 베르흐네-치르칙에 만들어진 고려인 콜호즈인 '스베르들로프 콜호즈'도 고려인은 '신영동'

수찬 강가의 한인 마을[1918~1919년경, 로버트 에이첼버거(Robert L. Eichelberger) 촬영]
(로버트 에이첼버거는 1918~1920년 러시아 극동지역에 파병된 미군 장교임)

이라고 불렀고, 이 콜호즈에 거주하는 사람들을 '신영동 사람'이라고 불렀
다.[10]

　　또한 수찬에서 오늘날 교통편으로는 그리 멀지 않은 곳에 나홋트카가
있다. 블라디보스토크와 마찬가지로 해안을 끼고 있고, 내륙으로는 수찬과
마찬가지로 광산이 존재했다. 이곳에도 한인이 둥지를 튼다. 이들은 이곳에
자리를 잡아 농사도 짓고 어로행위를 했으며, 수찬의 한인과 마찬가지로 광
산노동에도 종사했다.

　　다음 사진은 이 마을의 모습이다.

---

10　「고려사람」, 2014년 2월 6일자 인터넷판 참조.

나홋트카의 한인 마을 모습(1901년)

위 사진은 엘리너 프레이(Eleanor L. Pray)라는 여행객 일행이 찍은 것으로 나홋트카의 한인 마을 모습이라고 메모를 해놓았다. 상당히 신기했나 보다. 아래 사진도 모두 엘리너 일행이 찍은 것이다. 엘리너는 사업을 하는 남편 페데릭 프레이를 따라 블라디보스토크로 와 이곳에서 1894년부터 1930년까지 거주한 미국인이며, 이후 미국으로 돌아가 1954년 사망했다.

그녀는 1899년 생애 첫 사진기를 구매했고, 이 사진기로 많은 모습을 촬영했다. 그녀가 남긴 사진 덕분에 우리는 당시 한인의 모습을 볼 수 있고 생활상을 추정할 수 있게 되었다.

그녀는 1901년 7월 린드홀름(O.W. Lindholm)이라는 지인이 소유한 나홋트카에 있는 광산촌을 다른 지인들과 함께 방문했다고 적고 있으며, 촬영한 사진 대부분에 메모하는 섬세함을 보여주고 있다.

그녀가 촬영한 나홋트카 한인 마을 사진의 왼쪽 집에 굴뚝이 있는 것으로

엘리너와 그의 남편 페데릭(블라디보스토크, 1899년)

나홋트카 광산촌을 찾아가는 엘리너 일행(1901년 7월 12일)

보아 구들을 놓고 초가를 지은 것이다. 굴뚝이 보이는 한인 초가나 판잣집을 찍은 사진은 그렇게 많지 않으나, 고려인 대부분이 지금까지도 구들을 아는 것을 보면 대부분 구들을 놓고 집을 지었다는 것을 알 수 있다. 고려인의 말에 따르면 중앙아시아로 이주한 후에도 시골에서는 구들을 놓았다고 한다.

32쪽 아래의 사진 밑에 '광산을 향해 가는 길'이라는 메모와 날짜가 보인다.

아래에 엘리너가 촬영한 사진에서 엘리너 일행을 제외하고는 한인만 보이는데, 이 광산은 한인만 고용한 광산이었기 때문이다. 엘리너는 회계경리를 보는 남자 사무원 한 명 외에는 모두 한인이었다고 기록하고 있다. 이 또한 상당히 흥미로운 언급이다. 왜냐하면 당시 수찬과 나홋트카에는 광산이 많

나홋트카의 한인 광부들(1901년)

광부들의 천막(나홋트카, 1901년)

나홋트카의 한인 광부들(나홋트카, 1901년)

나홋트카의 한인 광부들. 동행한 롤라라는 여인이 말을 끌기 위해
고용된 러시아인을 뒤로하고 기념촬영을 함(1901년)

광산에서 기념촬영(나홋트카, 1901년)

나홋트카의 한인(1901년)

이 있었고, 러시아인 광부들로 이루어진 광산이 다수 있었기 때문이다.

　엘리너는 광산을 방문했을 때의 인상을 다음과 같이 적고 있다. "이들 한
인은 나를 보자 백인 여자(특히나 말을 탄)는 이곳에 처음이라는 표정으로 눈이
휘둥그레졌다." 아무튼 엘리너 일행이 남긴 사진과 메모로 당시 나홋트카 지
역 한인의 생활상을 엿볼 수 있어 다행이다.

한인 가족(나홋트카, 1901년)

광산 한인 경비원의 아내와 딸(나홋트카, 1901년)

러시아 극동지역의 한인 정착촌은 큰 규모에서 작은 마을까지 곳곳에 존재했는데, 그 수를 다 알지 못한다. 특히 사진을 통해 그 모습을 확인하기는 더욱 어렵다.

다음은 오늘날 나홋트카에서 차량으로 4~5시간가량 거리에 떨어진 곳인

연해주 스트렐록만의 한인촌(1870년)

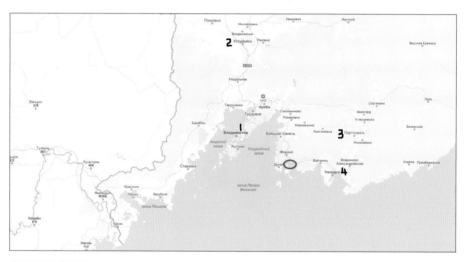

스트렐록만의 위치

스트렐록만(灣) 근처에 있던 조그마한 한인촌 모습이다. 이곳을 여행했던 핀란드인 카를 요한 슐츠라는 사람이 1870년 촬영한 것이다.

빨간색 동그라미 친 부분이 스트렐록만이다. 1이 블라디보스토크, 2가

우수리스크, 3이 수찬 그리고 4가 나홋트카다. 도로가 포장되어 있는 지금 차량으로 움직여도 오래 걸리는 지역들이다. 1, 2, 3 및 4는 그래도 유명한 지역들이다. 이미 1870년 이전에 당시 오지인 스트렐록만 바닷가까지 가서 마을을 이루고 살았다는 사실이 믿기지 않을 뿐이다.

다음은 가이다막만(бухта Гайдамак)의 한인 모습이다. 가이다막만은 스트렐록만과 나홋트카 중간지점에 위치해 있는데, 1910년대까지도 러시아인들에게 잘 알려지지 않은 오지였다. 이 사진은 20세기 초 러시아 극동지역 오지 탐험으로 유명한 군인이자 민속학자인 아르세니예프(В. К. Арсеньев)가 촬영한 사진이다.

항아리를 이고 가는 한인 여인들(가이다막만, 20세기 초)

위의 사진들을 볼 때, 출처를 말하지 않으면 한반도의 한인이라고 생각될 정도로 이들은 연해주로 이주한 후에도 대부분 우리식 주거와 의복을 고수하며 살았다는 점을 알 수 있다.

그렇다면 한인 마을 공동체는 어떤 방식으로 운영되었을까? 한인의 러시아 이주사에 대해 연구한 글들은 대부분 이주 원인, 이주 인구수 및 이주지역 등에 한정되어 있고 마을 운영에 대한 내용은 거의 찾아볼 수 없다. 이는 사실상 이 부분에 대한 자료를 찾을 수 없기 때문이다.

그러나 한인 마을 운영에 대해 추정해볼 수 있는 기록이 하나 있기에 여기에 소개하고자 한다. 1911년 7월 5일 연해주 '올가' 지역 책임자가 연해주 지역 총독부 제4국에 발송한 비밀보고서에 따르면, 올가 지역의 한인뿐만 아니라 연해주에 거주하는 한인은 자신들의 분쟁을 러시아 관청에 호소하지 않고 자신들의 공동체 안에서 해결한다고 보고하며 다음과 같이 쓰고 있다. "한인과 중국인 농민들은 자신들 중에서 존경하는 인물을 통해서 그들의 생활상 문제를 해결합니다. 이들은 다른 공동체원들로부터 신뢰로 권위를 인정받고 민족적·관습적 법에 근거하여 그들 사이의 불화, 분쟁 및 여러 가지 충돌을 해결합니다."(러시아국립극동역사문서보관소, 문서군 702, 문서목록 3, 문서철 376, 32.)

# 고려인 묘지

아주 빠르게 한인 이주민이 증가했고 러시아 극동의 먼 내륙지역으로까지 이주 범위가 넓어져갔으나 대부분 한인은 연해주 곳곳에 한인 정착촌을 만들어 농사나 어업 또는 두 가지를 동시에 겸하며 살았다.

여기서 수이푼(우리말로는 솔빈)강 유역에 존재한 12개의 한인 마을 중 규모가 가장 컸던 '육성촌'이라는 마을을 소개하고자 한다. 육성촌은 후에 한인 스스로 '뿌찔로프까'라는 이름으로 바꾸는데, 지금까지도 공식행정 명칭이 뿌찔로프까다. 이 육성촌은 연해주에서 블라디보스토크 다음으로 큰 도시인 우수리스크시에서 자동차로 약 40분 거리에 있는 농촌 마을이다.

강제이주 전 고려인 무덤 터 전경(2008년)

강제이주 전 고려인 묘비(2019년 7월 촬영)

　　39쪽 사진은 연해주 우수리스크 뿌찔로프까 마을 야산에 있는 옛 고려인 묘지 터다. 다행히도 아직 여러 기의 묘비가 남아 있다. 1937년 중앙아시아 등지로 강제이주 되기 전 사망한 분들의 무덤이다. 39쪽 사진은 묘지 터 전경이고, 위의 사진은 묘비들이다. 사진을 찍은 시기가 다른 이유는 2008년 모두 촬영했는데, 저장해두었던 컴퓨터가 고장 나 묘지 터 전경만 남고 나머지 자료는 대부분 손실했기 때문이다.

십자가가 새겨진 묘비들은 무덤 주인이 러시아 정교를 믿었다는 점을 알수 있다. 그리고 십자가가 새겨져 있지 않은 묘비는 고인이 러시아 정교를 믿지 않은 모양이다. 십자가를 제외하고는 옛 우리의 묘비와 전혀 다르지 않다. 다른 묘비를 살펴보아도 십자가가 새겨져 있느냐 아니냐만 다를 뿐 모두 같은 양식을 띠고 있다.

이 묘비들만 보아도 이들은 러시아로 이주한 후에도 우리 문화와 풍습을 잃지 않고 살았다는 점을 추측하게 한다. 또한 대부분 한인이 모여서 살았다는 점 또한 말해주고 있다. 현재 남아 있는 묘비는 7기 정도이지만, 당시 대부분이 가난하여 돌로 묘비를 만들지 못했다는 점을 감안하면 이곳에 묘가 상당히 많았을 것이고, 이는 곧 이곳으로 이주한 한인이 집단으로 모여 한인공동체를 형성하여 살았다는 것을 말해준다.

지금도 시골인 이곳 뿌찔로프까 마을에는 흥미로운 유적이 더 남아 있다. 바로 옛 한인 학교 건물이다. 이 한인 학교는 일제의 탄압을 피해 1928년 연해주로 이주한 조명희[11] 선생이 1931년까지 약 3년간 교편을 잡았던 곳이기도 하다. 시골 마을인데도 현재까지 외관이 온전히 남아 있을 정도로 잘 지은 한인 학교가 존재했다는 것은 얼마나 많은 한인이 모여 살았는지를 방증하는 것이기도 하다.

러시아정교회 문헌에 의하면 19세기 말에서 20세기 초 대부분의 한인 마을에 우리의 초등학교에 해당하는 한인 학교가 있었으나 대부분 초가집 또는 판잣집 형태로 지은 소규모 학교였다고 한다. 비록 집단촌을 이루고 살았으나 대부분 가난했기에 소규모 학교를 짓기도 어려운 마을이 많았는데, 이런 경우 러시아정교회에서 종교를 전파할 목적으로 한인 마을에 일종의 미션 스쿨을 세웠다고 한다. 블라디보스토크 신한촌에 1912년 1월 23일 세운 '인노껜찌이 러시아정교회학교'를 제외한 대부분은 한인의 주거 형태를 그대로

---

11    1894~1938. 항일 작가로 민족 민중문학의 선구자. 호는 포석.

본떠 초가집이나 판잣집 학교를 세웠다고 한다.[12]

이런 기록들을 감안할 때 구운 벽돌로 튼튼하게 지어 현재까지도 외관이 온전하게 남아 있다는 사실은 많은 돈과 노동을 들여 정성스럽게 지었다는 점을 말해준다.

시골 마을에 존재한 한인 학교 중 건물이 남아 있는 학교는 현재까지 이 학교가 유일하다. 이 학교는 항일독립운동가인 문창범 선생이 주도하여 설립한 것으로 전해지는데, 언제 지었는지 명확한 기록을 찾지 못했으나 1925년 이전에 지은 것은 명확하다.

1925년 5월 25일자 러시아 신문 「극동의 길(Дальневосточный путь)」에 뿌찔로프까 한인 마을을 소개하는 기사가 실려 있다. 이 기사에 의하면, 마을 중심에는 벽돌로 지은 큰 학교 건물이 있고, 학교 주변으로 소비에트 위원회, 독서실 및 보건소 등 벽돌로 지은 작은 개별 건물들이 화단과 꽃으로 둘러싸여 있으며, 이 마을에는 300가구가 거주하고 있다고 쓰여 있다. 또한 마을의 수로 시설이 잘 정비되어 있었으며, 논과 밭 이외의 자투리땅에도 조와 콩을 심어 빈 땅을 찾아볼 수 없다며 한인의 부지런함과 근면함을 전하고 있다.[13] 당시 이 학교의 정식명칭은 '뿌찔로프까촌 콜호즈 청년학교'였다.[14]

이 마을의 당시 모습을 볼 수 있는 사진은 찾지 못했다. 그러나 1928년 러시아로 피신하여 1931년경까지 이 학교에서 교편을 잡은 조명희 선생이 어린 이들과 찍은 것으로 추정되는 사진이 하나 있어 여기에 싣는다.

---

12   И.О. САГИТОВА, Миссионерские школы для корейских детей на территории Приморского края (втор. пол. 19 в. - н.20 в.). 러시아정교회 관련 사이트 рустрана.рф 2007.10.11.자 참조.

13   Р. Ш. Джарылгасинова. Историческая топонимия корейских поселений на российском Дальнем Востоке (вторая половина XIX – начало XX в.)// 「Этнографическое обозрение」 2004 г., No. 4. 참조.

14   Пак Хван, Листая памяти страницы(Российские корейцы в фотографиях), Минсоквон. 2015г. с.79.

조명희 선생이 뿌찔로프까 마을 어린이들과 찍은 것으로 추정되는 사진

　　필자는 현재 안산에서 고려인을 대상으로 한글 야학 및 상담 등을 하는 '고려인센터 미르'의 김승력 대표와 함께 2008년 가을 뿌찔로프까 마을의 러시아 학교를 방문한 적이 있다.

　　교장 선생님이 우리를 반갑게 맞이해주셨는데, 교장 선생님의 말씀에 의하면 1937년 스탈린에 의해 모든 한인이 강제이주 된 후 한인 학교는 새로 이주해 온 러시아 아이들의 학교로 사용되었고, 1994년 맞은편에 새로 학교를 짓고 이전한 후 현재는 방치된 상태라고 했다.[15]

　　흥미로운 것은 옛 한인 학교 맞은편으로 새로 건물을 지어 이전한 러시아 학교 정원에는 용도를 모른 채 연자방아, 맷돌 및 절구 등이 정원석으로 놓여 있어 이곳에 살았던 한인의 삶을 말없이 전해주고 있다. 이 학교의 교장 선생님은 강제이주 전 한인이 사용했던 도구로만 추정할 뿐 용도는 모르고 신

---

15　필자는 2019년 7월 이곳을 다시 방문할 기회가 있었는데, 뿌찔로프까 마을 이장은 이 건물이 한국인에게 팔렸다고 했다. 누가 무슨 용도로 샀는지는 모르지만, 한국 사람이 구매했다고 하니 다행이라는 생각이 들었다.

옛 육성촌의 한인 학교 건물(뿌찔로프까 마을)

기하기에 학교 정원에 정원석 용도로 모아두었다고 한다.

문헌에 의하면 뿌찔로프까뿐만 아니라 뿌찔로프까 주변 마을 대부분은 큰 한인 마을이었다.

뿌찔로프까(육성촌) 마을 러시아 학교 정원에 전시된 한인의 농기구

뿌찔로프까 마을에 방치되어 있는 연자방아

김승력 대표와 필자는 뿌찔로프까 학교를 방문한 후 며칠이 지나 이 마을에서 약 8킬로미터 떨어진, 마찬가지로 강제이주 전 한인이 많이 살았던 끄라우노프까 마을에 사는 러시아인 집을 방문한 적이 있는데 수십여 점이 넘는 다양한 한인 농기구를 모아 보관하고 있었다. 맷돌, 절구, 연자방아 일부 등 다양한 농기구가 보전되어 있었다. 마을 주변에 여기저기 나뒹구는 것들을 모았다고 한다.

한인 가족(끄라우노프까 마을, 1924년)

한인 가족(끄라우노프까 마을, 1917년)

이 러시아인은 발해 유물인 줄 알고 모았다고 우리에게 말했다. 옆 마을인 바가뜨이르까에 사는 러시아인 세르게이는 50~60여 점에 이르는 한인 농기구를 보관하고 있었는데, 이는 촬영하지 못했다.

러시아인이 모아둔 강제이주 전 한인의 농기구(끄라우노프까 마을, 2008년)

　　안타깝게도 사진으로 보여줄 수 없지만, 위 연자방아보다 더 큰 것도 있다. 이렇게 큰 연자방아는 이곳만이 아니라 연해주 곳곳 옛 한인 마을 터에서 발견되었다. 과거 한인이 많이 살았던 수찬(현재의 빠르티잔스크), 두만강과 가까운 핫산 지역과 녹둔도 등지에서도 규모가 큰 연자방아가 상당수 발견되었다. 그러나 안타깝게도 너무 오랜 세월 여기저기 방치되어 일체를 이루는 온전한 연자방아는 찾기 어렵고 밑돌 또는 윗돌 등 일부만 뒹굴다가 발견되는데, 퇴적되어 땅속에 묻혀 있어서 밭을 갈다가 발견되는 경우도 있다. 큰 규모의 연자방아가 많다는 것은 많은 사람이 집단으로 모여 공동체를 이루고 살았다는 점을 말해준다.

　　빠르티잔스크 마을의 고려인문화자치회 앞마당에는 마을 한편에 있던 연자방아 윗돌을 구해 가져다놓았는데, 그 크기가 성인 허리 가까이 온다. 중앙아시아에서 다시 이곳으로 이주해온 고려인이 남아 있는 연자방아 일부분을 찾아놓은 것이다.

　　예전에 이 마을에 러시아인 사냥꾼이 있었는데, 그는 사냥 나가기 전에 항상 이 연자방아 윗돌에 사냥 성공을 기원하는 기도를 하고 나갔다고 현지 러시아 노인이 필자와 김승력 대표에게 말해주었다. 그만큼 러시아인에게 이 연자방아가 신비했기 때문일 것이다.

　　다음은 우수리스크 시골의 한인 마을 모습이다. 이 사진들은 러시아 사회주의 혁명에 반대하여 1918년 8월부터 1920년 4월경까지 러시아극동지역에 파병되었던 미군이 찍은 것이다. 이 사진들은 2020년 6월 러시아의 '하바롭스크주 국립문서보관소'에서 한러관계사를 기념하는 사진전시회에 전시되었다.

　　여기서 잠깐 뒤로 돌아가 고려인 묘지를 발견하게 된 경위와 뿌찔로프까 마을 이름의 유래에 대해 소개하고자 하는데, 이는 매우 흥미롭고 글로나마 감사를 표해야 할 중요한 일이라고 생각되기 때문이다.

말을 이용해 탈곡하는 한인과 이를 구경하는
미군(우수리스크 시골 한인 마을)

도리깨질하는 한인과 아이들(우수리스크 시골 한인 마을)

도끼질하는 한인 여인(우수리스크 시골 한인 마을)

초가 옆의 한인 아이들(우수리스크 시골 한인 마을)

    교장 선생님의 말씀에 의하면, 당시로부터 4~5년 전 학생들이 야산에서
놀다가 이상한 문구가 새겨진 비석들을 발견하고 학교 선생님들에게 전했다
고 한다. 이에 선생님들이 학생들과 함께 야산을 찾았고, 선생님들도 잘 모르
지만 1937년 강제이주 되기 전 살았던 한인의 무덤일 것이라 추정하고, 고인
들에 대한 예의를 지키고자 학생들을 동원하여 잡풀을 제거한 적이 있다고
한다. 누구의 무덤인지도 모르면서 고인들의 묘를 정리한 것은 학생들 교육
차원에서였다고 말씀하셨지만 정말 고마운 일이다. 이렇게 이 묘지는 학생들

에 의해 우연히 발견되어 알려지게 되었다.

이후 이 학교 선생님이 우연한 기회에 고려인 지인에게 이 사실을 얘기했고, 이 이야기는 조상이 강제이주 되기 전 뿌찔로프까 마을에서 살았던 후손인 고려인의 귀에도 들어간다. 이 고려인은 우즈베키스탄에서 태어났지만, 부모에게 들어서 조상들이 살던 곳을 알고 있었다.

이 고려인은 당시 모스크바에 본부를 둔 러시아국영텔레비전방송국의 부사장이었는데, 블라디보스토크로 출장 온 기회를 계기로 직접 이 학교를 방문하여 묘지를 발견하게 된 사연을 듣게 된다. 그는 모스크바로 돌아간 후 블라디보스토크의 부하직원들에게 지시하여 이 시골 학교에 당시에는 귀했던 신형 컴퓨터 10여 대를 설치하게 하여 학생들과 교사들의 정성에 보답한다.

이러한 사연을 설명하면서 교장 선생님은 당시에는 귀한 컴퓨터를 설치해준 것도 매우 기쁜 일이었지만, 무엇보다 학생들에게 산교육이 되었기에 더욱 기쁘다고 말씀하셨다. 즉 교장 선생님은 학생들에게 "너희들은 아무 대가를 바라지 않고 묘지를 정리하는 좋은 일을 했지만, 결국에는 이렇게 뜻하지 않는 큰 선물을 받게 되지 않았니"라고 말할 수 있어 학생들의 교육에 너무나 보탬이 되어 기쁘다는 말씀을 가슴 가득 긍지와 보람을 갖고 이야기해주셨다. 참으로 고맙고 아름다운 마음이다.

다음으로 육성촌이 '뿌찔로프까'라는 이름으로 바뀌게 된 얘기다. 뿌찔로프까라는 마을 이름은 미하일 뿌찔로(1845~1889)라는 러시아 관료의 이름에서 기인한다. 그의 성이 뿌찔로다.

역사학자이자 군 대위였던 뿌찔로는 제정러시아 당시 동시베리아 총독청에서 근무했는데, 업무상 연해주를 비롯한 동시베리아 지역을 자주 다니던 뿌찔로의 마음을 아프게 한 것은 마땅한 집도 없이 헐벗고 굶주림에 지쳐 살아가는 러시아 말도 하지 못하는 한인이었다. 그도 그럴 것이 한반도에서 착취와 억압에 못 이겨 남몰래 두만강을 건너 이주한 한인에게 무엇이 있었겠는가? 정착하는 데 얼마나 많은 시간이 걸렸으며, 그 과정에서 얼마나 많은 사람이 굶주림과 병에 시달렸을지는 쉽게 짐작할 수 있는 일이다.

그는 굶주리고 헐벗은 한인을 구제하기 위해 노력했는데, 1870~1871년에는 연해주특별관리청의 관료가 되어 수이푼(솔빈)강 주변에 있는 한인 마을들의 굶주린 한인의 식량과 거처 확보 문제를 해결하기 위해 심력을 다한다.

심지어 그는 헐벗은 한인을 돕기 위해 자신의 재산 대부분을 써버린다. 1천 루블 정도를 쓴 것으로 알려져 있는데, 이는 정확히 산정하기는 어려워도 당시 1루블로 백밀가루 7kg, 소고기 3kg, 호밀가루 11kg을 살 수 있었던 점을 감안할 때 참으로 큰 액수다.

그러나 굶주린 한인을 돕기 위한 뿌찔로의 선행은 오히려 상부로부터 미움을 받게 되고 그는 곧 강제해임된다. 관료로서 강제해임된 뒤에도 한인을 돕고자 하는 그의 마음은 변함이 없었다.

미하일 뿌찔로(Михаил Пуцилло, 1845~1889)와 그가 만든 최초의 러한사전

그는 러시아 말을 하지 못해 피해를 보는 한인을 돕고자 러한사전을 만들고자 마음을 먹었는데, 이미 1871년 원고를 완성했다. 1871년부터 이를 출판하여 한인에게 보급하고자 이리저리 뛰었는데, 여러 가지 상황으로 인해 결실을 보지 못하다가 결국 강제해임된 이후인 1874년 상트페테르부르크에서 빛을 보게 된다. 우리말로 번역하면 『기초 러한사전(Опыт русско-корейского словаря)』이라고 할 수 있는데, 이것이 최초의 러한사전이다. 이 사전은 19세기 말 우리 언어를 연구하는 데도 큰 도움이 된다.

우리가 러시아 한인 이주사에서 잊어서는 안 될 뿌찔로는 안타깝게도 43세의 나이로 짧은 생을 마감한다.

뿌찔로에게 너무나 큰 은혜를 입은 한인은 그의 은덕을 기리고자 수이푼(솔빈)강 근처에 있었던 가장 큰 한인 마을 중 하나인 육성촌을 '뿌찔로프까'라고 바꾸고, 수이푼강 지역 12개 한인 마을 중 두 곳에 공덕비를 세웠다고 한다.[16] 이 공덕비는 현재까지 발견되지 않았다. 이것이 뿌찔로프까 마을 이름의 유래인데, 참으로 고맙고 가슴 아픈 이야기다.

---

16    https://biozvezd.ru/mihail-putsillo; https://argumenti.ru/history/n439/341821. 참조.

# 블라디보스토크:
# 두 개의 한인촌과 두 개의 한인 거리

러시아 극동지역으로 이주한 한인은 주로 시골에 정착하여 집단촌을 이루고 농업에 종사하며 살았으나, 연해주에서 가장 큰 도시이자 주도(州都)인 블라디보스토크에도 큰 한인촌을 이루고 살았다. 가장 큰 한인촌이었다.

여기서 아시아인의 블라디보스토크 이주에 대해 잠깐 살펴보고자 한다.

러시아 잡지 「라이브저널(Livejournal)」(2010년 6월 30일자 인터넷판)의 기사 "20세기 초 극동의 아시아인들"에 의하면 1860년 북경조약에 의해 연해주가 청나라에서 러시아로 넘어간 후 블라디보스토크로 아시아인이 이주하기 시작했는데, 가장 먼저 그리고 가장 많은 수를 차지한 것은 중국인이었다고 한다. 한인도 1860년대 초부터 이주했는데, 한인은 주로 한반도와 가까운 지역인 뽀시에트 등지에서 농사를 지었고 블라디보스토크로는 중국인보다 조금 늦게 이주하기 시작했다고 한다. 초기에 한인 농민들은 여름에 일거리를 찾아 블라디보스토크로 왔고 다시 시골로 돌아가곤 했는데, 차차 정착하게 되었다고 한다.

러시아 정부가 1871년 태평양의 주요 군항을 하바롭스크의 니콜라옙스크-나-아무레에서 블라디보스토크로 옮기기로 결정하자 군항 건설은 물론 여러 가지 부대시설 및 도로 건설 등 각종 공사로 인해 많은 노동력이 필요했고, 그와 더불어 1890년대 초 시베리아철도 연결을 염두에 둔 우수리스크 철도 대공사로 인해 노동력의 필요성은 더욱 절실해졌고 이에 아시아인이 대거 유입되었다고 한다.

1897년 인구조사에 의하면 블라디보스토크시의 총인구는 군인 포함 2만 8,933명이었는데, 이 중 한인은 1,283명, 중국인은 9,878명, 일본인은 1,249명이었다. 아시아인이 43.5%를 차지했는데, 거의 절반에 가깝다.

이후에도 인구 유입은 계속된다. 1910년 8월 연해주 군총독이 쁘리아무르 총독부로 보낸 외국인 통계보고서에는 1909년 블라디보스토크시에 거주한 상주인구는 한인 3,217명, 중국인 2만 9,800명, 일본인 2,238명으로 기록하고 있다(러시아국립극동역사문서보관소, 문서군 702, 문서목록 1, 문서철 700, 4-4об).

위에 언급한 잡지 「라이브저널」에 의하면 한인과 중국인은 거의 모든 분야에서 활동했는데, 블라디보스토크를 건설하는 데 크게 기여했다고 한다.

이들이 하는 일은 거의 같았다. 간혹 큰 규모의 상업이나 전문직에 종사하는 사람들이 있기는 했으나, 대부분 소규모 장사, 고기잡이, 건설 및 철도 노동자, 짐꾼, 물 배달, 농산물 재배 및 공급, 잡다한 막노동 등 주로 1차산업에 종사했고, 일본인은 주로 의사 같은 전문직이나 규모 있는 사업에 종사했다고 한다. 또한 많은 젊은 일본 여성들이 일본에서 건너와 기모노를 입고 매춘에 종사했다고 적고 있다. 이들은 1918~1922년 일본군이 블라디보스토크와 러시아 극동지역을 장악했을 때 군 위안부로 큰 역할을 했다고 한다.

또한 일본인과는 달리 한인과 중국인은 종사하는 분야가 비슷했지만, 중국인은 장사에 종사하는 사람이 많았고, 한인은 특히 블라디보스토크와 뽀씨에트 연안 지역에서 어업 및 해산물 채취에 많이 종사했다고 한다. 또한 한인은 시 외곽에서 농산물을 재배하거나 뽀시에트 등 한인 마을에서 재배한 농산물이나 소 같은 가축 등을 블라디보스토크로 들여와 공급했고, 섬이 많은 블라디보스토크에서 저렴한 뱃삯으로 사람들을 건네주는 뱃사공으로 일했다고 전한다.

이에 덧붙여 한인의 가장 큰 특징 중의 하나는 대가족을 이루고 사는 것이었는데 부모와 자식, 할아버지, 할머니는 물론 친척들, 심지어는 가깝지 않은 먼 친척들도 함께 사는 것이 중국인 및 일본인과 다른 점이었다고 적고 있다.

이미 1883년 블라디보스토크 최초의 인구조사에서 공식 행정구역 명칭으로 한인 거리(корейская улица, 현재의 뽀그라니치나야 거리)가 나온다.[17] 1864년 명명되어 1941년까지 '한인 거리'로 불리다가 지금의 거리명으로 바뀌었다.

형편이 나은 사람들은 잘 정비된 도시의 중심가에서 살기도 했다. 그러나 대부분의 한인은 아무르만 바닷가를 따라 이어진 한인 거리 주변의 경사가 심한 구릉지에서 주로 살았다. 1883년 당시의 블라디보스토크시는 면적이 아주 작은 도시였는데, 한인 거리가 끝나는 곳부터는 시외였다.

1883년 최초로 실시된 블라디보스토크시 거주민 실태조사는 블라디보스토크 시내에 사는 사람들만을 대상으로 했는데, 이 자료에 따르면 한인 거리는 물론 러시아인이 주로 사는 도시의 중심가에도 한인이 얼마간 산 것으로 보고되고 있다. 그러나 한인촌에 대한 정보는 얻을 수 없다.

한인 거리는 블라디보스토크 중심가에서 아무르만 쪽의 바닷가를 끼고 북쪽으로 이어진 길이었다. 또한 예나 지금이나 블라디보스토크의 중심거리인 스베뜰란스카야 거리와 아무르만 바닷가 쪽에서 교차하는 거리이기도 했다.

블라디보스토크로 이주한 초기 한인은 시내의 외진 곳에 촌락을 이루고 살았다. 당시 한인은 이 한인촌을 '개척리'라고 불렀다. 개척리라는 이름에서 추정할 수 있듯이 당시 한인촌이 자리한 지역이 불모지였다는 점을 알 수 있다. 즉, 가진 게 없는 대부분의 한인은 남들이 거들떠보지 않는 블라디보스토크 아무르만 바닷가 구릉지의 빈 땅을 개척해서 마을을 이루고 살았다.

이들이 대도시로 모인 것은 어로행위와 도시 외곽의 근교에서 농사를 지

---

17    러시아국립극동역사문서보관소, 문서군 28, 문서목록 1, 문서철 78// Перепись населения г. Влади-
      востока 1883 г.

어 얻은 수확물을 시장에 팔기 수월하고, 아무래도 큰 도시이기에 건설 및 철도 공사 등 각종 공사가 많아 좀 더 쉽게 일자리를 구할 수 있었기 때문일 것이다.

블라디보스토크의 한인 거리 전경 1(현재의 뽀그라니치나야 거리, 1918년)

블라디보스토크의 한인 거리 전경 2(현재의 뽀그라니치나야 거리, 1920년)

옛 한인 거리(뽀그라니치나야 거리)의 현재 모습(2019년)

당시 한인 거리 옆에는 중국인 거리와 북경거리도 있었다. 그러나 중국인은 시내의 중심부 옆에 일정 구역을 형성하여 살았는데, 도시계획에 따라 설계된 구역이었다. 그래서인지 러시아인은 중국인촌이라고 하지 않고 '중국인구역'이라는 표현을 썼다. 지금도 블라디보스토크 역사를 말할 때 그렇게 쓴다. 당시 일본인도 많이 살았고 '일본인 거리'도 있었는데, 러시아와의 관계가 악화되어 폐쇄되고 1908년 거리명이 바뀐다. 현재의 '카를라 리프크네흐타 거리'다.

블라디보스토크 한인 거리(현재의 뽀그라니치나야 거리, 연도 미상)

앞의 4장의 사진은 우리가 지금까지 알고 있는 블라디보스토크에 있었던 한인 거리다. 55쪽 두 장의 사진이 언덕 위에서 아래쪽을 찍은 것이고, 56쪽 아래 두 장의 사진은 아래쪽에서 언덕 쪽을 보고 찍은 것이다. 56쪽 아래 두 장의 사진에 보이는 거리와 건물 상태로 미루어 55쪽 두 장의 사진보다 이전 시기에 촬영했거나 거리 중 낙후된 부분이 촬영된 것으로 생각된다.

블라디보스토크 중심가를 놓고 보면 한인 거리는 왼쪽, 즉 아무르만 바닷가 쪽을 따라 나 있었고, 한인 거리 오른편에 중국인 거리가 있었으며 중심 거리의 오른쪽 끝부분에 일본인 거리가 있었다.

블라디보스토크의 가장 큰 중심거리는 예나 지금이나 스베뜰란스카야 거리인데, 흥미로운 점은 이 거리의 이전 명칭이 '아메리칸스카야 울리차', 즉 '미국인 거리'였다. 이는 증기선인 미국의 '아메리카호'가 블라디보스토크를 방문한 기념으로 지어진 이름인데, 1873년까지 미국인 거리로 불리다가 이후 현재의 거리로 명칭이 바뀌었다. 스베뜰란스카야 거리는 블라디보스토크를 동서로 뻗어 있는 거리이기에 남북으로 뻗어 있는 한인 거리, 중국인 거리 및 일본인 거리와 교차하거나 맞닿아 있었다.

전체적인 맥락을 잡기 위해 지도로 표시해보면 다음과 같다.

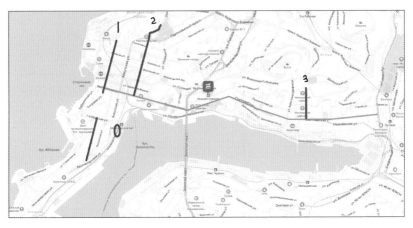

한인 거리 등 현재 위치 윤곽

즉, 앞쪽 지도의 왼쪽 바다가 아무르만이다. 파란색으로 원을 그린 부분이 시베리아철도의 종착역이자 출발점인 블라디보스토크역, 그리고 녹색으로 가로지른 곳이 중심거리인 스베뜰란스카야 거리다.

그리고 왼쪽부터 1번이 한인 거리, 2번이 중국인 거리이고 3번이 일본인 거리였다. 1번 한인 거리가 하나로 이어지지 않고 이렇게 위쪽(북쪽)과 블라디보스토크역 맞은편의 아래쪽(남쪽)의 두 선으로 나누어 표시한 이유는 아래에서 설명할 것이다.

초기 한인은 아무르만 바닷가를 따라 나 있는 시내에 위치한 한인 거리 주변 구릉지에서 살았는데, 특히 뒤에서 자세히 언급되겠지만, 초기에는 '세묘노프스키 뽀코스(Семёновский покос)'라 불리고 후에는 '세묘노프스키 바자르(또는 시장)'로 불리는 시장 주변 구릉지에서 많이 거주한 것으로 전해진다.

이 세묘노프스키 바자르는 아무르만 바닷가에 위치했던 시장으로 어선 선착장이 있었는데, 특히 한인에게 이곳은 이주 초기부터 시 외곽으로 강제이주 된 후에도 중요한 삶의 터전이었다.

블라디보스토크 도시계획도(1902년)

위 사진은 1902년 발행된 블라디보스토크 도시계획도인데, 현재의 블라디보스토크에 비해 엄청 작다.

아무르만 바닷가의 녹색 원으로 표시한 부분이 초기에 '세묘노프스키 뽀코스(Семёновский покос)'라 불리던 곳이다. 북쪽에 있는 한인 거리와도 맞닿 아 있다. 세묘노프스키 뽀코스 주변 일대가 바로 개척리다.

블라디보스토크에서 발행되는 인터넷 잡지 「konkurent」(2004.5.23.자)에 의 하면 세묘노프스키 뽀코스 주변에서 한인 거리까지, 그리고 한인 거리를 넘 어 현재의 알레우츠카야 거리(Алеутская улица) 근처까지 집단촌을 형성하여 살 았다고 한다.[18]

개척리의 중심부를 도시계획도로 보면 다음과 같다.

도시계획도

위에 다홍색 원으로 표기한 부분이 블라디보스토크 최초의 한인촌인 개 척리다. 한인은 당시 불모지였던 러시아인이 거들떠보지 않은 지역을 개척하 며 살았다. 그래서 최초의 한인촌인 시내에 있던 개척리를 1893년 시 외곽으 로 강제이주 되어 만들어진 한인촌과 구별하기 위해 '개척리' 또는 '구한인 촌'이라 하고, 시 외곽에 설립된 한인촌을 '신한촌' 또는 '신개척리'라고 부르

---

18    인터넷 잡지 「konkurent」 2004.5.23.자. Егор Путник, Корейка: судьба-копейка.

는 이유가 여기에 있다.

우리나라에는 신한촌이 1911년 설립되었다고 알려져 있는데, 이는 블라디보스토크가 확대되자 블라디보스토크시 당국이 1911년 신한촌 중 시내 바로 외곽에 있던 한인촌을 철거하고 한인을 더 위쪽 외곽으로 또다시 강제이주 시킨 데서 비롯된 것으로 보인다.

이렇게 초기 한인은 시내 바닷가 주변의 비어 있는 구릉지에 집을 짓고 고기잡이, 선원, 해산물 채취 등 어로행위를 하고, 주로 러시아인이 거주하는 시내 중심가에서 막노동하며 살아갔다.

개척리, 즉 블라디보스토크 최초의 한인촌을 보여주는 사진이 있다. 필자가 입수한 사진 중 1875년 당시 개척리의 한인을 보여주는 사진은 이것이 유일하다.

개척리(초기 한인촌) 모습(1875년)

위 사진은 미국인 클락(D. R. Clark)이 블라디보스토크에서 열리는 금성과 금성의 궤도 등을 연구하는 학자들의 모임인 비너스 파티(Venus Party)에 참가하기 위해 1874~1875년 블라디보스토크를 방문한 후 미국으로 돌아가 우편엽서로 만든 개척리 한인 모습이다. 허름한 초가집 뒤로 이어진 산동네 모습이 보인다. 클락은 블라디보스토크에서 찍은 사진 중 22장을 우편엽서로 발행했는데, 이 중 한인서당, 시장의 한인모습 등 5장이 한인 관련 우편엽서이다.

또 한 장의 사진은 1884년 촬영된 것으로 개척리 중심부에서 많이 벗어난 곳에 위치한 한인 가옥들의 모습이다. 즉 개척리 중심부의 반대편인 지금의 혁명광장 뒷쪽 주변에 위치해 있다. 이쪽 지역은 주로 러시아인들이 자리를 잡고 있던 지역이기에 더욱 흥미롭다.

블라디보스토크 시내의 한인 가옥들(1884년)

오늘날 블라디보스토크 가장 중심지인 혁명광장 근처에서 우리나라에는 독수리 전망대라고 알려진 산을 향해 찍은 사진이다. 러시아 정식명칭은 '독수리 둥지 산(Сопка Орлиное гнездо)'이다. 산 정상 부분이 평평한 게 마치 독수리 둥지 같다 하여 붙여진 이름이다.

이 사진에서 한인 가옥인 것을 알 수 있는 점은 굴뚝이다. 사진 하단 왼쪽에 굴뚝 4개가 보이고 오른쪽 하단에 굴뚝 한 개가 보인다. 사진을 찍은 이가 블라디보스토크 전경을 촬영하면서 한인 가옥을 중심으로 찍은 것으로 보인다. 아마 굴뚝이 신기해서였을 것이다. 러시아식 가옥은 굴뚝이 지붕을 뚫고 나오기 때문이다.

다음 사진은 개척리 모습은 아니나 같은 시기의 블라디보스토크 한인 모습이다.

블라디보스토크의 한인(우편엽서, 1875년)

위 사진 또한 왼쪽 하단의 스탬프로 볼 때 우편엽서로 발행되었다는 점을 알 수 있다. 이 사진은 사말리 마을 한인 초가와 한인 여성을 촬영한 라닌(В. В. Ланин)이 찍은 것이다.

당시의 블라디보스토크 한인을 보여주는 사진이 한 장 더 있는데, 이는 연해주 스트렐록만의 한인 마을을 촬영한 카를 요한 슐츠의 작품이다. 카

한인 모습(블라디보스토크)

를 요한 슐츠의 책에는 사진을 찍은 연도가 명기되어 있지 않지만, 1870년 또는 1875년에 찍은 것으로 추정된다. 이렇게 추정하는 이유는 그가 1870년과 1875년 두 차례 러시아 극동지역을 방문했기 때문이다.

블라디보스토크로 이주한 후에도 한인의 삶은 그리 평탄하지 않았다. 블라디보스토크가 점점 커지면서 한인에게 시련이 다가온다.

'세묘노프스키 뽀코스' 주변과 한인 거리를 중심으로 개척하고 살았던 초기 한인촌인 개척리가 강제철거 된 것이다.

블라디보스토크시 당국은 도시가 점점 커짐에 따라 도심 정리와 확장계획을 세운다. 개척리와 한인 거리는 도시계획도상으로는 1890년대에도 시내였다. 그러나 한인이 이곳에 처음 와 개척할 당시에 러시아인은 거들떠보지도 않은 곳이었다. 러시아인은 주로 블라디보스토크역과 바로 그 옆에 있는 블라디보스토크항 그리고 스베뜰란스카야 거리를 중심으로 도시계획을 하고 건물을 세웠으며 활동했다. 그러나 도시가 커지면서 거들떠보지도 않던 시내의 땅도 중요해졌다.

블라디보스토크 소식지인 「라이브저널」(2010년 1월 2일자) "블라디보스토크의 한인촌(Корейская слобода во Владивостоке)"이라는 제목의 기사에는 이미 1870년대 말에 시 당국이 시내에 거주하는 한인을 시 외곽 지역으로 이주시키기로 결정했다고 한다.[19]

그러나 이러한 계획은 즉시 이행되지는 못하고 지연되었다. 그러다가 때마침 1886년과 1890년 초 도시에 이질과 장티푸스가 돌게 된다. 한인을 시 외곽으로 쫓아낼 궁리를 하던 시 당국은 역병의 원인을 한인에게 뒤집어씌운다. 즉, 한인촌이 불결하여 전염병이 돌았다는 누명을 씌워 1891년 시외지역인 '꾸뻬로프스카야 계곡(Куперовская падь)'[20] 쪽으로 이주시킬 것을 명한다. 아

---

19    https://vladivostok.livejournal.com/2148473.html 참조.

20    이 지역에서 사업을 했던 '꾸뻬르(Купер)'라는 사람의 이름을 따서 붙여진 이름으로 현재의 하바롭

무런 보상도 없이 살던 집을 버리고 떠날 수 없던 한인이 이주를 미루자 시 당국은 1893년 경찰과 군인들을 동원하여 강제로 쫓아낸다.

이렇게 강제이주 된 지역이 시 외곽의 한인촌인 신한촌이다. '새로운 한인촌'이라는 뜻이다.

도시계획도로 보면 다음과 같다.

블라디보스토크 도시계획도(1902년)

이미 언급한 바와 같이, 블라디보스토크 최초의 한인촌인 개척리의 중심은 다홍색 원으로 표기한 초기에 '세묘노프스키 뽀코스'라고 불렀던 지역 주변이다. 연녹색으로 길게 그어진 윗부분과 아랫부분, 두 거리가 따로 떨어져 있지만, 두 개 다 한인 거리다.

위쪽(북쪽)의 한인 거리가 끝나는 지점까지가 당시 블라디보스토크 시내였다. 도시계획도에 표시된 대로 노란색으로 표시한 39번이 공동묘지이고, 파란색 원으로 표시한 36번이 시 외곽으로 쫓겨나 새로 개척한 신한촌이다. 이때의 한인촌도 아무르만 바닷가의 경사가 심한 구릉지다.

한인촌에 거주하던 러시아 국적 미취득자를 대표하여 독립운동가 김치

---

스카야, 아무르스카야, 쏘유즈나야 거리 등이 위치한 지역임.

보 선생 등이 1906년 5월 연해주 군(軍)총독에게 보낸 탄원서에는 "1891년 군(軍)총독 운테르베르게르의 명령에 따라 세묘노프스키 뽀코스에서 현재의 촌락[21]으로 저희들을 이주시켰고 집을 지을 마을부지로 시유지 14개 구역을 설정했으며, 가구당 100평방사젠[22]씩 가옥 부지로 할당 임대했다"라는 내용이 나온다.(러시아국립극동역사문서보관소, 문서군 28, 문서목록 1, 문서철 234, 366-366об.)

위 청원서에 나오는 세묘노프스키 뽀코스가 세묘노프스키 바자르(시장)가 들어서기 전 이 지역을 부르던 명칭이다. 뽀코스는 러시아어로 '초지' 또는 '풀밭'이라는 뜻이다. 거상이었던 세묘노프가 아주 초기에 이곳을 그의 말과 목장용 초지로 썼기 때문에 이런 이름이 붙었다.

시내인 세묘노프스키 뽀코스 주변에 모여 살던 한인을 시 외곽으로 몰아낸 것이다. 또한 이곳에서 언급되는 한인촌이 세묘노프스키 뽀코스에서 쫓겨나 만들어진 블라디보스토크 제2의 한인촌인 신한촌이다. 시내에 있던 최초의 한인 마을인 개척리와 구별하여 신개척리라고도 한다.

러시아 국적 취득자는 합법적으로 시내에서 살 수 있었다. 그러나 당시 블라디보스토크 한인 대부분은 러시아 국적 미취득자였다. 후에 언급되겠지만 1906~1907년 조사된 통계에서도 블라디보스토크 한인 대부분이 러시아 국적 미취득자였다.

이후에도 도시는 빠르게 성장·확대되어간다. 이에 또다시 시 당국은 신한촌의 시내와 가까운 쪽 한인촌을 철거하고 더 외곽으로 쫓아낸다. 즉, 연해주 군(軍)총독 육군 소장 플루그(Флуг)는 1906년 명령서 №20034를 공포하여 더 외곽인 '꾸뻬로프스카야 계곡(Куперовская падь)' 너머로 이주시킬 것을 명령한다.(러시아국립극동역사문서보관소, 문서군 28, 문서목록 1, 문서철 391, 11.) 당시 한인은

---

21    1902년 도시계획도상의 한인촌을 말함.

22    사젠(сажень)은 미터법 이전의 러시아 길이 단위로, 1평방사젠은 2.134평방미터에 해당한다. 100평방사젠은 213.4평방미터로 우리의 옛 평수로 64평 정도가 된다.

이를 철회해줄 것을 호소한다.

이미 위에 언급된 1906년 5월 독립운동가 김치보 선생 등의 청원서에는 다음과 같은 내용이 있다. "의무조례 №20034에 의거하여 시내에는 러시아 신민과 상인들만이 살 수 있는데, 저희는 시외에 있는 한인촌에 살고 있으므로 시 경계 밖에 사는 저희들에게 이 조례는 해당되지 않습니다. 그런데 시 참사회는 이곳이 시내라면서 저희들보고 더 멀리 떠나라고 합니다."(러시아국립극동역사문서보관소, 문서군 28, 문서목록 1, 문서철 234, 366-366об.)

하지만 이러한 호소는 묵살되었고, 시 당국은 1909년 이곳을 시로 편입시킨 후 1911년 한인 강제이주를 집행한다. 이렇게 꾸뻬로프스카야 계곡 남쪽, 1902년 도시계획도에서 한인촌으로 표기될 정도로 대다수 한인이 거주했던 한인촌은 철거되고 꾸뻬로프스카야 계곡과 계곡 북쪽으로 또다시 강제이주 된다.

1905년 당시 꾸뻬로프스카야 계곡에 살던 한인의 주택 수는 341채인데,[23] 이들은 이주하지 않은 것으로 보인다. 꾸뻬로프스카야 계곡은 1902년 도시계획도에 표기된 36번 한인촌보다 더 외곽인 위쪽(북쪽)이다. 현재 우리가 알고 있는 신한촌의 중심지역이다.

우리는 지금까지 한인이 블라디보스토크 개척리에서 쫓겨났고 새로 개척한 마을이 신한촌이라는 정도로만 알고 있는데, 사실 신한촌은 형성된 이후 블라디보스토크가 확대되면서 또다시 강제철거 된 것이다.

여기서 당시 신한촌의 모습을 담은 러시아인의 글이 있어 소개하고자 한다.

20세기 초 러시아 중앙정부의 위임을 받아 러시아 극동지역은 물론 한반도의 북부지역까지 조사한 후 쓴 보고서 「쁘리아무르주의 중국인, 한인 그리고 일본인(Китайцы, Корейцы и Японцы в Приамуре)」(쌍-뻬쩨르부르그, 1912년)으로 유

---

23    국가보훈처, "러시아지역 항일독립운동가 추모특별기획전(시베리아의 항일영웅들)" 참조.

명한 그라베(В. Граве)는 신한촌의 모습과 한인에 대해 이렇게 묘사하고 있다.

"한인촌의 외부모습과 길은 좁고 더러워 끔찍하다. 한인의 집은 작았고 집 벽은 나뭇가지에 짓이긴 흙을 발라 만든 것이었다. … 마을의 위생 상태는 시내에 있는 중국인 구역과 마찬가지로 끔찍하다. 이러한 모습을 정말 설명할 수 없다. 왜냐하면 한인은 천성적으로 깨끗한데다가 이 마을에 있는 집들 내부를 보면 정말 잘 정돈되어 있기 때문이다."[24]

그라베는 한인촌의 외부모습과 길은 더러워 끔찍한데, 한인은 천성적으로 깨끗하기에 이를 도저히 설명할 수 없다고 쓰고 있다.

그라베는 당시 블라디보스토크의 한인이 처한 상황을 몰랐다. 즉, 최초의 개척리(세묘노프스키 뽀코스)에서 쫓겨나 제대로 집을 완성하기도 전에 또 쫓겨나게 생겼기에 마을 거리를 정비할 여유와 이유가 없었던 것이다.

김치보 선생의 청원서에는 대부분의 한인이 가난하여 임시로 집을 짓고 점차 정리하는 데 긴 시간을 보냈고, 이제 막 집을 완공한 사람도 있는데 또 이곳을 떠나라고 한다며 이를 취하해 달라고 호소하는 내용이 있다.

아무런 보상도 없었다. 간신히 지은 집은 그냥 남기고 떠나야 했다. 가옥부지 임대료도 너무 비싸다는 한인의 청원이 러시아국립극동역사문서보관소에 많이 남아 있다. 참으로 기가 막힐 노릇이다.

64쪽의 도시계획도에 36번으로 표기된 한인촌 지점을 지금의 지도로 보면 다음과 같다.

즉, 현재의 아브로롭스카야 거리와 알레우츠카야 거리를 중심으로 그 주변이다. 오른쪽 맞은편의 녹색 부분은 과거에는 공동묘지였으나 도시가 확

---

24  러시아 일간지 「Ежедневные Новости Владивостока」(EHB)」 2003년 5월 31일자 인터넷판 "Корейка" (한인촌)에서 재인용.

1902년 지도 한인촌의 현재 위치

장되면서 지금은 공원으로 이용되고 있다. 블라디보스토크 시내에서 가장 큰 공원으로 이름은 뽀끄롭스키 공원이다. 러시아정교회 뽀끄롭스키 사원이 있어 한국 관광객이 많이 찾는 곳이기도 하다.

강제이주 되기 전 신한촌, 즉 1902년 도시계획도에 36번으로 표기된 한인촌에는 오늘날의 미션스쿨 같은 러시아정교회 간이예배소학교가 있었다. 이는 1902년 11월 5일 옙세비이(Евсевий) 신부의 배려로 설립되었다. 이곳에서 약 30명의 한인 아이들과 몇 명의 러시아 아이들이 공부했다고 한다. 이 한인촌의 간이예배소학교는 옙세비이 신부의 지시로 1902년 9월 29일 완공된 블라디보스토크의 뽀끄롭스키 정교회 사원을 짓고 남은 자재를 이용해 지었다고 러시아정교회 문헌은 전하고 있다.[25]

강제이주 되기 전 신한촌의 모습을 담은 사진이 몇 장 있어 소개한다.

---

25     http://pokrovadv.ru/istoriya/ 참조.

한인촌 전경 1(엘리너 촬영, 1905년)

한인촌 전경 2(엘리너 촬영, 1905년)

　　위 두 사진은 1905년 신한촌을 가로지르는 길 중 아무르만 쪽을 바라보고 같은 장소에서 촬영한 것으로, 왼쪽에 바닷가가 보인다.
　　다음은 육지 쪽으로 나 있는 한인촌 거리를 중심으로 촬영한 사진들이다.

한인촌 모습(엘리너 촬영, 1905년)

한인촌 근처의 한인 모습
(우편엽서, 1909년)

한인촌 모습(엘리너 촬영, 1905년)

한인촌 모습(엘리너 촬영, 1905년)
촬영한 이가 한인 판잣집도 사진에
담고 싶었던 것으로 보이는데, 집 문
앞에 걸려 있는 짚신이 인상적이다.

한인촌의 노인(우편엽서, 1902년)　　　한인촌 모습(엘리너 촬영, 1905년)

한인촌의 한인 가족과 집(우편엽서, 1904년)

Владивостокъ. —Vladivostok.
Корейка. Femme de la Corée.
Художественное издательство П. Чечина.

한인촌의 한인 여인[체친(В. Чечин) 촬영, 1904년]
부유한 한인 집에서 찍은 것으로 추정된다.

한인촌(엘리너 촬영, 1905년)

한인촌의 어린이들 1(엘리너 촬영, 1905년)

한인촌의 어린이들 2(우편엽서, 1900년)

한인촌의 어린이들 3(우편엽서, 1905년)

한인촌의 한인(우편엽서, 1902년)

한인촌의 한인(우편엽서, 1903년)

한인촌의 판잣집(1905년)

여기서 다시 돌아가 블라디보스토크의 한인 거리에 대해 좀 더 얘기하고 자 한다. 왜냐하면 위에서 언급했듯이 한인 거리는 지금의 뽀그라니치나야 거리라고 알려져 있기 때문이다. 이는 맞는 말이다.

그러나 흥미로운 것은 이미 언급되었듯이 한인 거리는 하나로 이어진 하나의 거리가 아니었다는 점이다. 중간에 '찌그로바야 거리(Тигровая улица)'라는 작은 거리를 중간에 두고 남쪽과 북쪽으로 분리되어 두 개의 한인 거리가 존재했다는 사실이다. 지금까지 우리에게 잘 알려진 한인 거리는 북쪽의 좀 더 긴 현재의 뽀그라니치나야 거리다.

남쪽의 한인 거리는 1917년 10월 혁명 후 '베스뚜줴바 거리(Бестужева улица)'라는 이름으로 바뀌는데, 이는 현재 블라디보스토크역 맞은편으로 두 번째와 세 번째 블록 사이에 있다. 북쪽의 한인 거리보다는 길이가 짧다. 참으로 특이한 경우인데, 북쪽의 한인 거리와 연결하면 상당히 긴 거리가 된다.

북쪽의 한인 거리 명칭은 그대로 유지되다가 1941년 말에 현재의 뽀그라니치나야 거리로 바뀐다.

블라디보스토크역 정면의 두 번째와 세 번째 블록 사이의 아주 가까운 거리에 있는 남쪽의 한인 거리를 지나면 곧바로 아무르만 바다가 펼쳐진다. 어쨌든 북쪽의 한인 거리와 마찬가지로 한인이 이 거리에서도 많이 활동했거나 거주했기에 '한인 거리'라고 명명된 것으로 추정된다.

남쪽에 따로 떨어져 있는 한인 거리는 1917년 혁명 후 현재의 명칭인 베스뚜줴바 거리로 바뀌지만, 사람들은 이후에도 한동안 '한인 거리'라고 그대로 부른 것으로 보인다. 왜냐하면 러시아인이 1920년 남쪽의 한인 거리에서 촬영한 사진에 여전히 '한인 거리'라고 메모되어 있기 때문이다.

다음 도시계획도는 미국 YMCA가 1909년 러시아어로 작성된 도시계획도를 영어 발음으로 재구성하여 1918년 작성한 블라디보스토크 도시계획도다. 파란색 동그라미로 표시한 29번이 블라디보스토크역이고, 그 맞은편

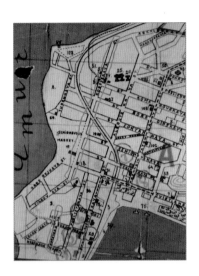

의 진홍색 타원형으로 표시한 부분이 남쪽의 한인 거리다. 조금 떨어진 위쪽, 즉 북쪽에 진홍색으로 길게 표시한 부분이 지금까지 잘 알려져 있던 한인 거리다.

블라디보스토크역 맞은편에 또 하나의 한인 거리가 있었다는 사실을 우리는 잊고 있었다. 러시아어로 한인 거리를 뜻하는 '까레이스카야 울리

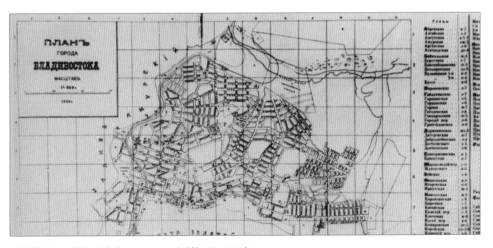

러시아어로 표기된 블라디보스토크 도시계획도(1909년)

남쪽에 있던 한인 거리 모습 1(1918~1919년경)　　　　남쪽에 있던 한인 거리 모습 2(1918~1919년경)

차(Корейская улица)'를 영어 발음으로 그대로 옮겨 '까레이스카야 스트리트
(KOREYSKAYA ST.)'라고 두 곳에 다 적고 있다. 이는 1909년 러시아어로 된 블라
디보스토크 도시계획도에도 마찬가지로 표기되어 있다.

　　남쪽에 따로 떨어져 있는 한인 거리, 즉 블라디보스토크역 맞은편에 있
던 한인 거리를 담은 사진이 다행히 몇 장 남아 있다.

　　한인 거리 옆으로 아무르만이 보인다. 한인은 주로 이곳 아무르만에서
어로행위를 했다. 거리 옆의 판잣집을 잘 살펴보면 이 두 사진은 같은 위치에
서 방향만 약간 바꿔 찍은 것이다. 위 오른쪽 사진에 말이 서 있는 길이 '제1
모르스카야 거리'인데, 직진하면 아무르만 바다다. 말 뒤편으로 보면 바로 가
까운 거리에 블라디보스토크역이 보인다.

　　이 사진을 찍은 사람은 이미 앞에서 소개한 '수찬 강가의 한인 마을'을 촬
영한 미군인 로버트 에이첼버거(Robert L. Eichelberger) 인데,  이는 참으로 다행스
러운 일이다. 계획도로만 확인하는 게 아니라 당시 남쪽의 한인 거리 모습을
사진으로도 볼 수 있기 때문이다. 그는 이 사진들 이외에도 당시 한인 모습을
여러장 그의 사진에 담았다.

　　남쪽의 한인 거리 모습을 담은 사진이 두 장 더 있다.

남쪽의 한인 거리 전경 1(1908년)　　　　　　　南쪽의 한인 거리 전경 2(1908년)

　　위 두 사진에 협궤철로가 있는데, 이는 석탄을 운반하기 위해 설치한 것이다. 한인 거리 전경 2의 두 번째 집은 1908년 당시 블라디보스토크 요새의 사령관을 보좌하던 관료들이 근무하던 건물이다. 남쪽의 한인 거리 모습은 전형적인 러시아식 가옥들로 가득 차 있는데, 이는 1893년 한인을 시 외곽으로 쫓아내고 러시아인이 들어섰기 때문으로 판단된다. 길을 중심으로 촬영했기에 근거리에 있는 블라디보스토크항이 위치한 바다나 바로 옆에 있는 아무르만은 보이지 않는다.

　　지금은 블라디보스토크가 매우 커져서 신한촌이 있던 지역도 블라디보스토크 시내이지만, 당시에는 시 외곽이었다. 1902년 도시계획도에 36번으로 표기된 한인촌 지역은 1909년 시로 편입된다. 이미 언급한 바와 같이 블라디보스토크시 당국은 36번 한인촌 지역을 1909년 시로 편입시키고 시외인 더 외곽으로 한인을 강제이주 시켰다.

　　이제 신한촌 얘기를 조금 더 하고자 한다.

　　이미 위에서 언급했듯이 블라디보스토크가 확대되어감에 따라 시를 확장할 필요성이 생기자 이미 1906년 연해주 군총독이 시의 더 외곽으로 이주하라는 명령을 내린다.

　　한인이 명령을 취소할 것을 호소하지만, 1911년 초 재차 명령을 내리고

남쪽 한인 거리의 현재 모습(2019년)

같은 해 4월 15일[26]까지 한인촌을 비우라고 한다. 당시 이주가 정해진 꾸뻬로프스카야 계곡 북쪽 지역도 시유지로 시에서 가옥 부지 구역만 획정했을 뿐 불모지였다. 따라서 한인은 자비로 터를 닦고 집을 지어야 했다. 가옥 부지 임대료도 비싸서 많은 한인이 집을 짓기는커녕 가옥 부지 임대료도 내지 못할 형편이었다.(러시아국립극동역사문서보관소, 문서군 28, 문서목록 1, 문서철 377, 17-17об.)

이주 기간만이라도 연장해달라는 한인의 요구는 묵살되었고, 그렇게 1911년 강제이주 되어 현재 우리가 알고 있는 신한촌이 만들어진다.

이렇게 재차 형성된 신한촌의 위치를 도시계획도로 살펴보면 다음과 같다.

다음 도시계획도 왼편 위에 B라고 표시된 구역이 신한촌 중심부다. B구역 아래의 노란색 부분이 이주하기 전 한인촌이다. 아무런 보상도 없이 살던 집과 땅을 떠나 또다시 집을 짓고 농사지을 땅을 임대하여 개척해야 했다. 얼마나 막막했을까?

---

26    러시아 구력임. 지금 우리가 쓰는 달력으로는 4월 말경에 해당한다.

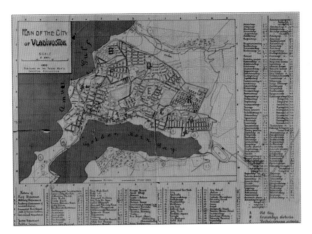

블라디보스토크 도시계획도(1918년)

신한촌의 중심 부분을 현재의 지도로 보면 다음과 같다.

신한촌의 중심부

현재의 아무르만 바닷가를 끼고 서울거리, 싸도바야 거리, 하바롭스카야 거리, 아무르스카야 거리, 쏘유즈나야 거리를 중심으로 한 지역이다. 신한촌을 기억하기 위해 한국의 해외한민족연구소가 1999년 8월 15일 이곳에 신한촌 기념탑을 세웠다. 한국 관광객이 많이 찾는 곳이기도 하다.

흥미로운 것은 신한촌의 왼쪽, 즉 아무르만 바닷가 쪽으로 서울거리가

신한촌 기념비(블라디보스토크, 하바롭스카야 거리)

있는데 이 서울거리는 지금도 공식 행정도로 명칭으로 남아 있다. 앞쪽 아래의 지도 왼쪽에 파란색 타원형으로 표시한 부분이 서울거리로, 그리 길지 않은 도로다.

기록에 의하면 소련의 유명한 록그룹 리더였던 빅토르 최의 증조부모와 할아버지 최승준은 이 서울거리 13번지에서 살았다고 한다.[27] 그러나 이 집은 지금은 존재하지 않는다.

한인 거리와 중국인 거리는 1941년 말 폐지되고 지금의 명칭으로 바뀌었다. 북경거리는 이후에도 유지되다가 중소분쟁으로 중국과의 관계가 악화되자 1964년 9월 폐기하고 현재의 '아드미랄라 포키나 거리'로 바뀐다. 최초의 한인촌인 개척리의 중심부였고, 현재 관광객에게 흔히 '아르바뜨 거리'로 불리는 곳이다. 비록 작은 거리이지만, 서울거리는 현재도 정식 행정 명칭으로 남아 있다.

'서울거리'라고 명명한 이유는 모르지만, 당시 블라디보스토크에 거주한 한인에게 서울은 한반도의 중심이었고, 러시아 당국도 이를 인정해 그렇게 한

27    https://konkurent.ru/article/33199.

빅토르 최의 증조부 가족사진(블라디보스토크)

서울거리의 현재 모습(2019년)　서울거리에 위치한 러시아인 주택(2019년)

것 아닌가 하는 생각을 해본다. 러시아와의 관계가 악화되었을 때 일본거리
나 북경거리는 없앴는데, 긴 냉전을 거치는 동안에도 서울거리는 그대로 유
지되고 있는 점이 특이하다.

　당시 블라디보스토크의 많은 한인은 바다를 삶의 터전으로 생계를 이어
간 것으로 보인다. 이는 바다의 경우 주인이 없기에 누구나 해산물을 채취할
수 있고 고기잡이 어선에 승선하여 돈벌이를 할 수 있었기 때문일 것이다. 토
지의 경우는 시유지든 사유지든 주인이 있고 이를 임대하는 데는 돈과 시간

이 필요하기 때문이다.

　블라디보스토크의 두 개의 한인촌과 두 개의 한인 거리는 모두 아무르만을 끼고 있었고, 한인의 어로행위는 적극적이었으며 점점 더 발전한 것으로 보인다.

# 삶의 터전: 아무르만

초기 블라디보스토크의 한인은 생업을 위해 다양한 분야에서 종사했다. 철도 공사 노동자, 건설 막노동자, 시장의 짐꾼, 상업, 어업, 물 배달, 뱃사공 및 농업 등 다양했다. 비록 개척리(구한인촌)와 신한촌, 즉 블라디보스토크 및 그 외곽지역이 산간지대의 경사가 심한 구릉지로 형성되어 있어 농사짓기 그리 좋은 여건은 아닐지라도 제1 개천 지역 등 블라디보스토크 외곽의 시유지를 농사용으로 임대해 달라는 한인의 청원서 및 임대기록 등이 현재 러시아국립 극동역사문서보관소에 많이 보관되어 있다. 비록 척박한 땅일지라도 땅을 일구어 자급할 식량을 확보하고, 채소 등을 재배하여 시장에 내다 팔아 살아갔다.

한인 짐꾼들(블라디보스토크, 1889년),
러시아국립사진박물관(РОСФОТО) 소장

블라디보스토크의 철도건설 한인 노동자들
(우편엽서, 1900년대 초)

탐험가 제미도프(Демидов)의 짐을 싣는 한인
짐꾼들(블라디보스토크, 1900년)

한인 짐꾼(블라디보스토크, 1905년)

한인 소년 짐꾼들(블라디보스토크, 우편엽서, 1900년)

한인 소년(블라디보스토크, 1905년),
러시아해군박물관 소장

신문배달 하는 한인 소년
(블라디보스토크, 1905년),
스트루뽀프(Струпов А. А.) 촬영

집을 짓는 한인 석공(블라디보스토크, 1922년,
아르세니예프 박물관 소장)

생계를 위해 모든 일을 다 했지만, 이미 위에서 러시아 잡지「라이브저널」
을 인용하여 언급했듯이 당시 블라디보스토크의 한인은 고기잡이, 해산물 채
취에 많이 종사했다. 이는 당시 한인을 보여주는 사진으로도 확인할 수 있다.

한인 어선 선착장 모습 1(우편엽서, 1919년)

한인 어선 선착장 모습 2(1919년)

한인 어선 선착장 모습 3(1919년)　　　　　　한인 어선 선착장 모습 4(1919년)

　　이 4장의 사진은 모두 1919년 촬영한 사진인데, 초점이 조금씩 다르지만 모두 같은 곳을 촬영한 것이다. 첫 번째 사진의 하단에 영어로는 "블라디보스토크 아무르만의 한인 선박 항구", 러시아어로는 "블라디보스토크 아무르만의 한인 어선 선착장"이라고 쓰여 있다. 블라디보스토크 아무르만에 한인 선착장이 별도로 존재했다는 사실은 한인의 어업활동이 그만큼 왕성했다는 것을 말해준다.

　　흥미로운 것은 한인 어선 선착장 바로 옆에 조그마한 수영장이 있었다는 사실이다. 여름에 사람들이 수영을 즐기고 쉬는 장소로도 활용되었던 것 같다.

한인 어선 선착장 옆의 수영장(1918~1920년경)

한인 어선 선착장이 위치했던 곳을 아무르만 중에서도 '세묘노프스키 콥쉬(Семеновский ковш)' 또는 '세묘노프스키 항만(Семеновская гавань)'이라고 불렀다. 그리고 세묘노프스키 콥쉬 바닷가의 어시장도 '세묘노프스키 시장(또는 바자르)'이라고 불렀다. 세묘노프스키 콥쉬와 세묘노프스키 시장은 블라디보스토크의 거상이던 세묘노프의 이름을 따서 지은 것이다. 앞에서 언급한 세묘노프스키 뽀코스와 마찬가지다.

세묘노프스키 콥쉬(항만)는 현재 '스포츠 항만(Спортивная гавань)'이라고 불리는데, 바닷가의 어시장이 있던 자리는 시민의 휴양지로 놀이공원과 박물관 등이 있는 해양공원으로 활용되고 있다.

콥쉬는 러시아어로 '국자' 또는 '바가지'를 뜻한다. 이 항만의 모양이 국자를 닮아 그렇게 부른 것인데, 세묘노프스키 콥쉬는 곧 세묘노프스키 항만을 의미한다.

세묘노프스키 시장 위치를 도시계획도에서 살펴보자.

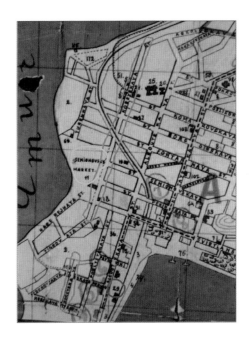

　　두 개의 한인 거리 지점을 확인하기 위해 이미 앞에서 보여준 계획도인데, 왼쪽 중간의 녹색 동그라미로 표시한 부분이 세묘노프스키 시장이다. 영어로 '세묘노프스키 마켓'이라고 쓰여 있다. 북쪽의 한인 거리와 맞닿아 있는 것을 한눈에 확인할 수 있으며, 개척리가 있었던 곳이기도 하다.

　　좀 더 현실감 있게 보기 위해 한인 어선 선착장이 있던 세묘노프스키 콥쉬와 세묘노프스키 시장 등의 위치를 현재의 지도로 보면 다음과 같다.

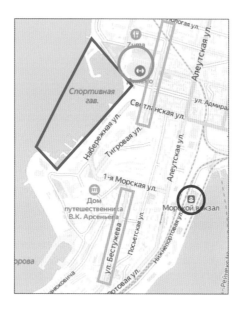

　　위 지도 중 오른쪽의 빨간색으로 표시한 부분이 시베리아철도의 종착역이자 출발점인 블라디보스토크역이고, 맞은편의 노란색 부분이 남쪽에 있던 한인 거리다. 그리고 블라디보스토크역 왼쪽 맞은편의 바다가 아무르만이고, 파란색으로 표시한 곳이 세묘노프스키 콥쉬(항만)다. 또한 위쪽의 노란색 부분이 북쪽에 있던 한인 거리다.

　　그리고 녹색으로 표시한 원이 세묘노프스키 시장이다. 한인 어선 선착장이 있는 세묘노프스키 콥쉬 바닷가에서 시작하여 북쪽의 한인 거리 아랫부분과 맞닿아 있다.

이미 언급했듯이 세묘노프스키 시장이 위치한 그곳이 이전에 '세묘노프스키 뽀코스'로 불리던 곳으로, 이곳 주변이 최초 한인촌(개척리)의 중심지였다.

이곳의 모습을 옛 사진으로 보면 다음과 같다.

세묘노프스키 항만에서 북쪽의 한인 거리 쪽으로 찍은 사진(1889년)

위 사진이 세묘노프스키 뽀코스(후에 세묘노프스키 시장)의 바닷가 시작점이다. 산등성이를 타고 집들이 있으며 맨 위쪽이 한인 거리다. 세묘노프스키 뽀코스는 산등성이 구릉지로 이어진다. 왼쪽 아무르만 바닷가를 끼고 산등성이를 넘어 한인 거리를 따라가면 1902년 도시계획도에 표기된 한인촌으로 연결된다.

다음은 한인 어선 선착장과 맞닿아 있던 세묘노프스키 시장의 전경을 보여주는 사진이다.

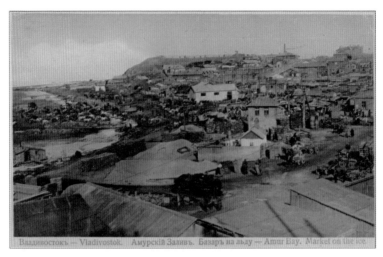

세묘노프스키 시장 전경 1(엘리너 촬영, 1899년)

세묘노프스키 시장 전경 2(1918년)

이미 지도를 통해 보았듯이 두 장의 사진에서 왼쪽이 한인 어선 선착장이 있던 아무르만 바다이고, 사진의 오른쪽은 북쪽의 한인 거리로 이어지는 곳이다.

이 시장에서는 잡은 고기를 직접 판매할 뿐만 아니라 저장 가공하는 시설들이 있어 청어절임처럼 가공한 후에 판매하기도 했다. 이미 1890년대 말에 얼음을 파는 가게도 있어 얼음에 재어 상하지 않게 하여 매매가 이루어졌다. 세묘노프스키 시장 전경 1은 나홋트카 한인촌을 촬영한 엘리너가 찍은 사진이다.

세묘노프스키 시장은 초기에는 한인 어선 선착장이 위치한 바닷가에서 수산물을 판매하는 조그만 시장으로 출발했지만, 이후 수산물 거래는 물론 연결된 도로를 따라 다양한 상품이 판매되는 시장들이 연결되어 큰 시장으로 성장했다.

다음은 세묘노프스키 시장 모습이다.

세묘노프스키 시장 부둣가에서 밑을 바라보는 한인과 중국인(1902년)

세묘노프스키 시장 모습 1(한인 어린이 짐꾼들, 1903년)

세묘노프스키 시장 모습 2(청어절임을 보는 한인, 1919년경)

세묘노프스키 시장 모습 3(1919년)                    세묘노프스키 시장 모습 4(1919년)

　　북쪽의 한인 거리는 당연히 이 시장과 가장 가까이 맞닿아 있었기에 한인 거리로도 시장이 이어졌고 해산물, 채소, 과일, 곡물 및 각종 필수품이 판매되었다.

　　안타깝게도 한인 거리 전경을 볼 수 있는 사진이 몇 장 없으나 한인 거리 내부 모습을 볼 수 있는 사진 또한 거의 발견하지 못했다. 그나마 당시 한인 거리 내부를 볼 수 있는 사진이 두 장 남아 있다.

한인 거리의 세묘노프스키 시장 모습 1(1918~1919년경)

이 사진 하단 부분에 러시아어와 영어로 "한인 거리의 세묘노프스키 바자르"라고 적혀 있다. 앞의 지도에서 보여준 세묘노프스키 시장과 연결된 북쪽의 한인 거리에 있는 시장 모습이다. 이 사진에서 양쪽으로 잘 정비된 시장 가게들과 간판 및 간판에 적힌 가게 번호를 볼 수 있다. 이는 세묘노프스키 시장이 한인 거리로도 연결되어 있었으며, 단순한 거리시장이 아니라 상설시장이었다는 점을 말해준다. 사람들도 꽤 붐볐던 것으로 보인다. 잘 보이지는 않지만, 오른쪽 위 가게 표지판에 러시아어 가게명과 함께 한자로도 쓴 점이 인상적이다.

다음은 거의 같은 시기에 찍은 한인 거리의 시장 모습이다.

한인 거리의 세묘노프스키 시장 모습 2(1918~1919년경)

이 사진은 위 사진과 마찬가지로 같은 방향이지만, 좀 앞으로 나와 찍은 사진이다. 앞쪽 상자에 담긴 사과가 눈에 띈다.

여기서 세묘노프스키 콥쉬(항만)의 해안가에서 시작된 세묘노프스키 시장의 역사에 대해 잠깐 알아보고자 한다. 중국인도 이곳에서 많이 종사했지만, 이곳은 최초의 개척리 시절부터 신한촌으로 강제이주 된 후에도 한인 삶의 주요 무대였기 때문이다. 많은 한인이 신한촌에서 걸어서 출퇴근하며 한인 어선 선착장이 있던 이곳에서 일했다.

블라디보스토크의 시장 형성에 대해 연구한 엘레나 네스쩨로바(Елена Нестерова)는 「19세기 말~20세기 초의 블라디보스토크 시장」이라는 논문에서 세묘노프스키 시장의 형성과정에 대해 언급하고 있다.[28]

그녀에 의하면, 러시아가 1860년 '졸라떠이 로그만(Бухта Золотой Рог)'[29] 해변에 해군기지를 세웠는데, 이때부터 아시아인이 이주하기 시작했고 가장 먼저 이주하기 시작한 것은 중국인이었다. 이들은 바다에서 잡은 물고기와 여러 식료품을 군인들에게 판매하기 시작했다. 이렇게 자연스럽게 시작된 것이 세묘노프스키 콥쉬 바닷가의 시장(또는 바자르)인데, 당시에는 '만좁스키 바자르(Манзовский Базар)'라고 불렀다.

이 이름은 '만자(Манза)'에서 왔으며, 처음에는 우수리스크 변경에 사는 중국인(만주족 등 중국 소수민족 포함)을 '만자'라고 불렀는데, 후에는 우수리스크 지역에 사는 중국인을 '만자'라고 불렀다고 한다. 특히 이곳에서 장사하는 사람 중 중국인이 많았기에 자연스럽게 '만좁스키 시장' 또는 '만좁스키 바자르'라고 불리게 되었다고 한다.

중국인에 이어 곧바로 한인이 이곳으로 와서 고기잡이와 해산물 채취를 하고 판매하면서 시장은 바닷가에서 길을 따라 내륙으로 커지게 되었고, 해산물만이 아니라 다양한 물품을 파는 시장이 되었으며, 상설시장과 일주일 단위로 열리는 거리시장이 공존하는 블라디보스토크에서 가장 큰 시장으로 발전하게 되었다고 한다.

---

28 Елена Нестерова, Владивостокские рынки конца XIX–начала XX в.: попытка социокультурного анализа// Сборник «Этнические рынки в России: пространство торга и место встречи». Иркутск - Изд-во Иркут. гос. ун-та, 2015. с. 307-326.

29 우리에게는 '금각만'으로 알려져 있다.

시장 이름이 바뀌게 된 이유는 1899년과 1901년에 이 시장의 중심부, 즉 바닷가와 한인 거리, 중국인 거리 및 블라디보스토크의 가장 중심거리인 스베뜰란스카야 거리 사이에 화재가 일어났다. 주로 나무로 만들어진 중국인 가게들이 무분별하게 들어서 있었기 때문이라고 판단한 시 당국은 이곳을 정리하여 1903년 가을 이곳에 세묘노프스키 시장을 만들었다. 즉, 원래 있던 '만줍스키 바자르'에 불이 나자 이곳을 새롭게 정리한 후 이름을 '세묘노프스키 시장'이라고 바꾼 것이다.

이후 여기에 새롭게 설립된 시장은 물론 이 시장과 연결된 시장은 모두 '세묘노프스키 시장' 또는 '세묘노프스키 바자르'라고 불리게 된다. 이렇게 시장이 계속 확장되었다.

여기서 '만줍스키 바자르'로 불리던 초기 시장의 한인으로 추정되는 모습을 보여주는 사진이 한 장 있다.

만줍스키 바자르의 모습(1875년)

위 사진은 스트렐록만 근처의 한인 마을을 촬영한 카를 요한 슐츠가 찍은 사진이다. 앞에서 본 북적이는 시장이 아니라 한적한 시골 바닷가 마을을 떠올리게 하는 장면이다. 1897년 블라디보스토크의 인구가 군인 포함 2만 8,933명인 작은 도시였으니 1875년이면 말해 무엇하겠는가?

아무르만 바닷가로 중국인보다 조금 늦게 왔고, 수적으로도 훨씬 적었음에도 블라디보스토크에서 가장 큰 수산시장 바로 옆에 한인 어선 선착장이 존재했다는 점은 한인의 어업활동이 얼마나 왕성했는지를 말해준다. 이는 비록 자신들의 생계를 위해 한 일이지만, 역으로 한인이 세묘노프스키 시장을 형성하는 데 크게 기여했다고도 볼 수 있다.

방파제 끝에서 찍은 한인 항구 전경(1919년)

위 사진은 머릴 하스켈(Merrill Haskell, 1892~1988)이 찍은 사진이다. 그는 이 사진에 "한인 항구의 방파제 끝에서(From end of Breakwater of Korean Harbor)"[30]라고 메모했다. 위에 소개한 우편엽서에 적힌 '한인 항구'라는 표현을 쓰고 있다. 한인 어선 선착장이라고 쓰여 있는 우편엽서가 그의 작품일 가능성이 크다.[31]

머릴 하스켈은 미국인으로 YMCA 블라디보스토크 지부 비서 및 회계원 자격으로 동료인 레이 노우드(Ray Norwood), 마크 무디(Mark L. Moody) 등과 함께 1919년 8월 11일부터 1920년 2월 23일까지 블라디보스토크를 방문했다.

머릴 하스켈(블라디보스토크, 1919년)　　　마크 무디(왼쪽)와 레이 노우드(오른쪽)[블라디보스토크, 1919년]

　　　머릴 하스켈은 블라디보스토크에 머무는 동안 사진 촬영 활동에 아주 열심이었고, 덕분에 우리는 당시 한인을 사진으로 볼 수 있게 되었다. 머릴 하스켈은 당시 블라디보스토크의 여러 곳을 촬영했다.

---

30　출처: http:sveronicahaskell.gallerydigital-archivesearchresult.htmldb=1&limit=205&searchtype=places&tagstr=Russia&sortby=0&showby

31　미국의 듀크대학 도서관의 설명에 따르면 위 사진은 로버트 에이첼버거가 생산자이고 YMCA가 블라디보스토크에서 1919년 우편엽서로 발행했다고 설명하고 있다. // Duke University Library, Collection: Robert L. Eichelberger papers 참조.

이 사진들은 머릴 하스켈이 살아생전 쓰던 책상 서랍에 방치되어 있었는데, 그의 손자며느리인 베로니카 하스켈이 시아버지의 동의를 얻어 2004년 이 사진들을 세상에 알렸다. 그리고 2009년 블라디보스토크시에 이를 기증했다. 블라디보스토크에서도 큰 반향을 일으켰는데, 이는 당시 블라디보스토크의 역사를 알 수 있는 생생한 사진들이었기 때문이다.

여기에서 잠깐 언급해야 할 흥미로운 부분이 있다.

블라디보스토크의 한인 항구는 물론 한인 어선 선착장(또는 방파제)이라는 이름을 러시아 공식 문헌에서는 찾을 수 없다는 점이다.[32] 그럼에도 우편엽서 하단에 '한인 선박 항구'라고 적혀 있음은 물론 1919년 머릴 하스켈이 촬영한 사진에도 '한인 항구의 방파제'라고 적고 있다는 점이다. 사실 이 우편엽서와 머릴 하스켈이 찍은 곳의 공식 명칭은 위에서 언급된 '세묘노프스키 항만'인데, 이는 공식 명칭과는 상관없이 당시 사람들이 그렇게 불렀기에 사진을 촬영한 사람들이 그렇게 적었을 가능성이 크다. 이러한 점들은 이곳에서 한인의 어업활동이 얼마나 왕성했는지를 방증한다고 볼 수 있다.

다음은 한인 선박, 어선 및 어업 관련 한인의 모습을 담은 사진들이다.

---

32   앞에서 본 1902년 도시계획도에는 한인 어선 선착장이 '세묘노프스키 뽀코스 선착장'이라고 표기되어 있다.

한인 어선(블라디보스토크, 1889년), 러시아국립사진박물관(РОСФОТО) 소장

벗짚을 실은 한인 어선(우편엽서, 블라디보스토크, 1900년)

바닷가의 한인(블라디보스토크, 엘리너 촬영, 1899년)

바로 위 '바닷가의 한인'은 엘리너가 찍은 사진이다. 나홋트카 한인촌과 한인 광산촌 사진 등으로 미루어볼 때 그녀는 한인에게 관심이 많았던 것 같다. 이미 1905년 직접 방문하여 촬영한 블라디보스토크의 한인촌 모습에서 보았듯이 그녀는 한인촌에도 관심이 있었던 것 같다.

한인 어부들 1(세묘노프스키 항만, 머릴 하스켈 촬영, 1919년)

그물을 다듬는 한인 어부들 2(세묘노프스키 항만,
머릴 하스켈 촬영, 1919년)

그물을 다듬는 한인 어부들 3(세묘노프스키 항만,
머릴 하스켈 촬영, 1919년)

블라디보스토크의 한인 어선(우편엽서, 1900년)

아무르만의
한인(우편엽서,
1905년)

세묘노프스키 항만의 한인 어선 1
(머릴 하스켈 촬영, 1919년)

세묘노프스키 항만의 한인 어선 2(머릴 하스켈 촬영, 1919년)

블라디보스토크의 한인 짐선(엘리너 촬영, 1901년)

선착장의 한인 어선(우편엽서, 1920년)

블라디보스토크항의 한인 어선(1929년)

세묘노프스키 항만의 한인 여인들(헝가리인 Lőw Miklós 촬영, 1916년)

세묘노프스키 항만의 한인(헝가리인 Lőw Miklós 촬영, 1916년)

물고기를 다듬는 한인 여인들(세묘노프스키 항만,
우편엽서, 1918년)

물고기를 다듬는 한인 모녀(세묘노프스키 항만, 우편엽서,
1918년)

장작을 묶는 한인 노인(블라디보스토크, 우편엽서, 1918년)

세묘노프스키 항만의 한인
여인들(마크 무디 촬영,
1919년)

세묘노프스키 항만의 한인 여인들
[미하일 쁘리슈빈(М. Пришвин) 촬영, 1931년]

바닷가의 한인 여인(블라디보스토크 나베레즈나야 거리, 미하일 쁘리슈빈 촬영, 1931년)

　　머리에 짐을 이고 걷는 여인의 뒤로 세묘노프스키 항만(한인 어선 선착장)과 세묘노프스키 시장이 보인다. 이 여인이 걷고 있는 바로 옆이 남쪽의 한인 거리다.

　　지금은 한인 어선 선착장(방파제)은 존재하지 않는다. 방파제 대부분을 거둬내고 놀이공원과 스타디움이 있는 유원지로 바뀌어 시민의 휴식공간으로 사용되고 있다. 블라디보스토크를 찾는 각국의 관광객은 물론 우리나라의 관광객도 꼭 찾는 곳이다. 그러나 우리는 이곳이 한인의 삶의 터전이었다는 점을 잊어서는 안 될 것이다. 지금의 모습은 다음과 같다.

한인 어선 선착장이 있던 옛 한인 항구의 현재 모습(2019년)

한인 어선에 탄 레이 노우드
(머릴 하스켈 촬영, 1919년)

레이 노우드(한인 항구 방파제에서,
머릴 하스켈 촬영, 1919년)

위 두 장의 사진에 찍힌 사람은 앞에서 소개한 레이 노우드라는 미국인이
고, 마찬가지로 사진을 찍은 사람은 동료인 머릴 하스켈이다.

여기서 매우 흥미로운 부분은 맨 마지막 사진이다. 그는 자신의 동료 레
이 노우드를 찍고 "한인 항구 방파제의 노우드(Norwood on Breakwater at Korean
Harbor, October 1919)"[33]라고 메모했다.

앞에 소개한 "한인 항구 방파제 끝에서" 부분에서도 언급되었듯이 머릴
하스켈은 세묘노프스키 항만을 '한인 항구'라고 표현하고 있다. 즉, 머릴 하
스켈은 세묘노프스키 항만을 한인 항구로 알고 있었다는 것을 의미한다. 이
는 당시 많은 사람이 세묘노프스키 항만이라는 공식 명칭과는 상관없이 '한
인 항구'라고 부른 데서 기인하는 것이 아닌가 추정된다. 아무튼 하스켈이 자
신이 찍은 사진에 그저 적당히 메모한 것이 아닌 것만은 확실하다.

---

33    출처: http:sveronicahaskell.gallerydigital-archivesearchresult.htmldb=1&limit=205&searchtype=places&ta
      gstr=Russia&sortby=0&s

　그는 다양한 사진을 많이 찍었는데, 아주 정확하게 찍은 장소를 기록하고 있다. 또 중국인도 많이 찍었는데, 한인과 중국인을 정확하게 구별하고 있기 때문이다.

　다음은 블라디보스토크에서 한참 위로 올라간 위치에 있는 하바롭스크주의 까모라강(река Камора) 어귀인 니콜라옙스크-나-아무레에서 촬영한 한인 어선이다. 19세기 말에 찍은 사진인데, 영어와 독일어로 "까모라강 어귀의 장작을 실은 한인 어선"이라고 적혀 있다. 한인은 일찍부터 블라디보스토크뿐만 아니라 한참 위쪽인 러시아 극동지역 바다에서도 활동했다.

까모라강 어귀의 한인 어선(우편엽서, 1895년)

# 신한촌: 또 하나의 새로운 개척지

이미 언급했듯이 1893년 시내에 위치한 개척리와 한인 거리에서 시 외곽으로
강제이주 된 후, 1911년 블라디보스토크시 당국은 꾸뻬로프스카야 계곡 남
쪽에 있던 신한촌 부분을 꾸뻬로프스카야 계곡을 포함하여 더 북쪽으로 재
차 강제이주 시켰다. 그렇지만 한인은 또다시 판잣집을 짓고 땅을 임대하여
일구고 바다에서 일하면서 다시 그렇게 질기게 살아간다.

　　당시 재차 이주하여 형성된 신한촌의 모습을 담은 사진이 조금 남아 있
다. 이 사진들은 대부분 한인의 모습을 신기하게 여긴 러시아인 및 다른 외국
인이 촬영한 것인데, 우리에게는 소중한 자료다. 사진을 통해 그들이 어떻게
살았으며, 풍습과 관습은 어떠했는지를 짐작할 수 있기 때문이다.

신한촌 전경 1(우편엽서, 1918~1920년경)

신한촌 전경 2(1918~1920년경, 오른쪽 십자가 건물이
러시아정교회 교회학교임)

앞쪽의 두 사진은 신한촌 거리에서 아무르만 바닷가를 배경으로 찍은 사진인데, '신한촌 전경 1' 사진이 바닷가 쪽으로 더 가까이 가서 찍은 것이고, '신한촌 전경 2'는 바닷가에서 더 올라와 찍은 것이다.

또한 '신한촌 전경 2'의 오른쪽에 보이는 십자가가 있는 건물이 1912년 1월 23일 세운 러시아정교회 교회학교다. 이곳에서 신한촌의 어린이들이 일반교육도 함께 받았다. 신한촌에 세운 이 교회학교의 정식명칭은 '인노켄찌이 교회학교(Иннокентьевская церковь-школа)'다. 인노켄찌이 신부 이름을 따서 지은 러시아정교회 학교다.[34]

신한촌의 러시아정교회 학교는 1912년 벽돌을 사용하여 새롭게 크게 지었는데, 러시아 사회주의 혁명으로 1924년 폐쇄되었고 얼마 후 철거되었다.

러시아정교회 학교 너머로 보이는 호수같이 보이는 부분이 아무르만 바다다. '신한촌 전경 1' 사진을 보면 바다가 명확히 보인다. 바닷가를 주변으로 많은 판잣집이 보이는데, 판자촌으로 이루어진 한인촌이다. 이는 당시 많은 한인이 바다를 터전으로 생계를 이어갔다는 것을 말해주며, 신한촌의 큰 길도 바다로 이어져 있었다. 이는 이미 언급했듯이 개척리(구한인촌)도 마찬가지였다. 많은 한인이 바다와 관련된 일로 생계를 유지한 것으로 보인다.

다음 쪽의 사진은 매우 흥미롭다. 이 사진은 신한촌 한인 아이들을 위해 지은 러시아정교회 학교에서 1912년 1월 23일 촬영한 것이 분명하다. 왜냐하면 이 정교회 학교는 대상(大商)인 치스쨕(И. Ф. Чистяк)이 1천 루블이라는 거금을 기부하여 세워졌는데, 당시 블라디보스토크에 있던 옙세비이(Евсевий) 대주교가 1912년 1월 23일 뽀끄롭스키 정교회 사원의 사제들과 관계자들 및 한인 신부 두 명을 참석시킨 가운데 교회학교 봉헌식을 올렸다는 기록이 나오기 때문이다.[35]

---

34  https://pastvu.com/p/442724(Иннокентьевская церковь-школа) 참조.

35  https://pastvu.com/p/442724(Иннокентьевская церковь-школа) 참조.

러시아정교회 학교 한인 어린이들(신한촌, 1912년)

사진 맨 앞줄에 있는 신부가 대주교 옙세비이이고, 바로 뒤 양쪽에 어린 사제를 세우고 옆으로 한인 어린이들을 앉히고 촬영했다. 뽀끄롭스키 교회 사원에서 참석한 신부들과 관계자들을 맨 뒤에 배치한 것으로 보아 한인 어린이들을 우선시했다는 점을 알 수 있다.

기록에서와 마찬가지로 사진 맨 뒤쪽에 한인인 듯한 신부의 모습도 보인다. 사진 상태가 좋지 않아 이곳에 싣지 않았지만, 필자가 소지하고 있는 또 다른 사진에는 한인으로 보이는 신부 두 명이 있다. 따라서 위 사진은 신한촌에 있는 러시아정교회 학교를 짓고 하늘에 헌납하는 봉헌식 날에 촬영한 것으로 보는 것이 맞다.

다음은 신한촌을 담은 또 다른 사진들이다.

신한촌 모습(우편엽서, 1919년)

농작물을 말리고 있는 한인
농부(1919년)

미군 병사가 신한촌의 한인 가족과 기념 촬영한
것(로버트 L. 에이첼버거 촬영, 1919년)

신한촌 모습(우편엽서, 1918~1920년경)

신한촌의 우물과 항아리(1918~1920년경)

신한촌의 한인 집(우편엽서, 1918~1920년경)

신한촌의 한인 초가집들(1930년)[36]

알곡을 고르는 한인 여인
(마크 무디 촬영, 1919년)

　　다음은 일본군, 미군들과 마찬가지로 러시아 극동지역을 점령했던 체코슬
로바키아 군단의 장교인 조셉 카메닉(Josef Kamenik)이 1918~1919년경 촬영한 사진
으로 그가 촬영한 사진들은 현재 체코 중앙군사문서보관소에 소장되어 있다.

신한촌의 한인 초가(디딜방아와 키가 인상적이다)　　　　한인 판잣집

---

36　　출처: Российский государственный архив кинофотодокументов.

한인 판잣집

어머니와 아이들

　　이어지는 두 장의 사진은 마찬가지로 요셉 카메닉이 같은 시기에 촬영한 사진인데, 한 장은 블라디보스토크 시내 중심거리인 스베뜰란스카야 거리(улица Светланская) 끝부분에 자리를 잡고 구들을 놓은 한인가옥이다. 참으로 흥미로운 일이 아닐 수 없다. 또 한 장의 사진은 시내는 아니지만 신한촌과는 거리가 먼 금각만 해변에 외로이 자리 잡은 한인가옥이다. 현재의 깔린니나 거리(улица Калинина)이다.

시내 중심거리에 있는 한인가옥(1918~1919년경)

한인가옥(1918~1919년경)

블라디보스토크에는 두 개의 강이 있는데, 번호로 매겨 '제1강(Первая речка)', '제2강(Вторая речка)'이라고 부른다. 그러나 큰 강이 아니기에 '개천'이라고 번역했다.

제1 개천은 제2 개천과 마찬가지로 아무르만으로 흐르는데, 폭이 큰 강은 아니지만 길이는 상당히 길다. 1918년 도시계획도를 보면 신한촌이 제1 개천 밑에 위치한 것으로 나타나는데, 이는 한인촌의 중심부를 표기했기 때문으로 보인다. 한인이 계속 유입되면서 신한촌은 제1 개천 지역까지 확대된다.

다음은 블라디보스토크에 있는 제1 개천 지역에 있는 한인의 모습을 보여주고 있다.

제1 개천의 한인 가족(우편엽서, 1919년)    제1 개천에서 빨래하는 한인 여인(우편엽서, 1919년)

이상은 신한촌의 모습을 담은 사진이다.

바닷가를 중심으로 시작된 신한촌이 1919년경에는 어디까지 확장되었는지를 당시의 도시계획도로 확인해보자.

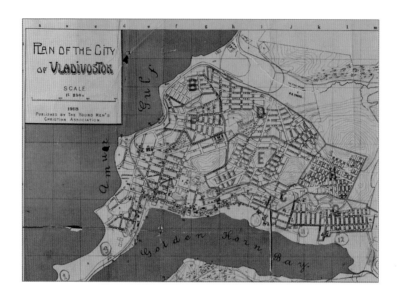

이미 앞에서 본 도시계획도다.

위의 B구역이 지도에 적시된 대로 한인촌이라고 되어 있다. 주황색 원으로 표시한 곳이 꾸뻬로프스카야 계곡이다. B구역 아랫부분을 포함하지만, 거의 일치한다.

앞에서 이미 언급했듯이 꾸뻬로프스카야 계곡에 이미 한인 마을이 존재했고, 1905년에는 주택 수가 341채나 된다고 했다.

나중에 다시 언급하겠지만, 1934년부터 신한촌에서 가까운 시내에 살았던 류드밀라 뽀드구르스카야(Людмила Подгурская)라는 여성의 회상기에서도 알 수 있다.

그녀는 신한촌이 '꾸뻬로프스카야 계곡(Куперовская падь)'에 있었다고 한다. 그리고 위에 녹색으로 그은 선이 아무르만으로 흐르는 제1 개천이다.

블라디보스토크시 당국은 1893년부터 유입되는 한인을 시내 쪽으로 들어오지 못하게 하고 시 외곽지역에서 살게 했다(라이브저널, 2010년 1월 2일자 인터넷판). 따라서 신한촌은 B구역을 중심으로 경계인 F구역 일부와 제1 개천 지역 너머까지 확대된 상당히 큰 마을이었다.

1906년 당시 한인과 중국인 중 블라디보스토크 시내에 살 수 있는 권한을 가진 사람은 다음과 같았다. 즉, 러시아 국적 취득자, 시내에 부동산을 보유하고 있는 자, 시내에서 1종, 2종 및 3종 상사(商社) 영업허가증을 갖고 상업에 종사하는 자, 위 상사 그리고 각종 기관 및 블라디보스토크 시민의 가정에서 판매원, 노무자, 사환으로 일하는 자로 한정되어 있었다(러시아국립극동역사문서보관소, 문서군 28, 문서목록 1, 문서철 391, 11.).

이 원칙은 1906년 이전에도 거의 같았고, 러시아 사회주의 혁명이 일어나 소비에트 권력이 확립되기 전까지 동일했다. 그러나 당시 대부분의 한인은 러시아 국적 미취득자였다.

이상으로 신한촌의 지역적·영토적 크기를 살펴보았는데, 이제 신한촌의 1900년대 초 인구 규모를 살펴보자.

다음은 1906~1907년 연해주 지역의 한인 거주 지역, 한인 수 및 국적을 표시한 진귀한 지도다. 이 연해주 지역 한인 분포도는 쁘리아무르주 군(軍)총독의 지시로 1906~1907년 2년간 조사해 1908년 작성된 한인 분포 지도다.

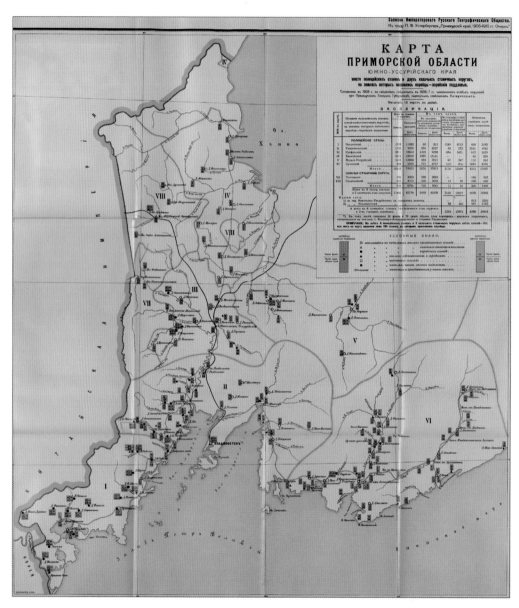

1906~1907년의 연해주 한인 분포도(1908년)

빨강으로 표시된 부분에 러시아 국적 미취득자 가구 수와 사람 수를 적고 있으며, 녹색으로 표시된 부분에 러시아 국적 취득자 가구 수와 사람 수를 적었다. 대부분이 빨간색이다. 즉, 1906~1907년경 연해주에 거주한 한인의 대다수가 러시아 국적 미취득자 신분이었다.

위 한인 분포 지도에 의하면 1906~1907년 블라디보스토크 지역의 러시아 국적 취득자 가구 수는 88가구 352명이고, 미취득자 가구 수는 957가구 4,153명이다. 러시아 국적 미취득 한인이 압도적으로 다수다. 이 둘을 합치면 한인 가구 수는 1,145가구, 총 한인 수는 4,505명이다.

또한 신한촌은 사유지가 아니라 시유지로 한인은 주거지를 시에서 임대하여 살았다. 그러나 가옥 부지 임대 기간은 러시아 국적 취득자와 동등하지 않았다. 러시아 신민, 즉 러시아 국적 취득자인 경우는 가옥 부지 임대 기간이 36년이었는데, 러시아 국적 미취득자가 대부분인 신한촌의 한인에게는 가옥 부지 임대 기간이 목조건물로 지을 경우는 10년, 석조건물로 지을 경우는 15년이었다.(러시아국립극동역사문서보관소, 문서군 28, 문서목록 1, 문서철 377, 110-110об.)

이에 한인은 안정된 주거지를 희망하며 가옥 부지 임대 기간을 러시아 신민과 마찬가지로 동등하게 36년으로 해달라고 청원한다.(러시아국립극동역사문서보관소, 문서군 28, 문서목록 1, 문서철 377, 124-126об.)

그러나 이러한 간절한 청원은 받아들여지지 않았다. 이러한 한인의 청원에 대해 다른 내부 보고서에 따르면, "가옥 부지 임대 기간을 36년으로 해서는 안 되는 이유로 도시가 확장될 경우 임대 기간을 36년으로 하면 쫓아내는 데 문제가 된다"[37]라는 게 이유였다. 이렇게 시 당국은 신한촌이 만들어질 당시부터 도시가 확대될 경우 또다시 쫓아낼 궁리를 하고 있었다.

당시 블라디보스토크 한인을 묘사한 러시아 잡지 「라이브저널」(2010년 1월 2일자 인터넷판)에 의하면, 당시 블라디보스토크 한인의 삶은 단순했다. 근

---

37    러시아국립극동역사문서보관소, 문서군 28, 문서목록 1, 문서철 377, 110-110об.

면한 한인은 심지어 중국인 중 가장 하급 노동자들도 꺼리는 아주 더러운 일이든, 급여가 적은 일이든 닥치는 대로 아무 일이나 했다. 건설 현장, 항구, 철도건설 현장 등에서 노동자들의 보조로도 일했다.

당시 신한촌을 묘사한 또 하나의 글이 있는데 흥미롭다.

위에서 잠깐 언급한 러시아 여인인 류드밀라 뽀드구르스카야의 회상이다. 이 글은 러시아 신문 「블라디보스토크 뉴스(vladnews.ru, №2399)」(2008년 9월 5일자 인터넷판)에 실린 기사다.

그녀는 1923년생으로 1934년 블라디보스토크로 이사와 신한촌으로 가는 길목에 있는 아브로롭스카야 거리[38] 골목에서 살았다고 한다. 그녀는 당시 신한촌의 모습을 다음과 같이 묘사하고 있다.

신한촌은 꾸뻬로프스카야 계곡(Куперовская падь)에 위치해 있었는데, 다닥다닥 붙은 낮은 판잣집들로 이루어진 동네였고 집집마다 굴뚝이 있었다. 그런데 이상한 것은 굴뚝이 지붕으로 나온 게 아니라 집 옆 마당에서 솟아 있었다. 굴뚝은 단단하고 긴 평석으로 만들었는데, 6미터 정도 되었고 가끔은 더 긴 것도 있었다. 대부분 굴뚝은 판잣집 지붕보다 높았다. 언젠가 이곳의 한인 집에 손님으로 갈 기회가 몇 번 있었는데, 이때 굴뚝의 정체를 알게 되었고 매우 흥미로웠다. 집의 아랫부분에 땅을 파고 아궁이를 만들었는데, 그곳에 두 개의 솥이 걸려 있었다. 솥이 걸려 있는 아궁이 주변에는 물과 장작이 있었고, 선반에는 일반그릇과 조리용 그릇들이 놓여 있었다. 솥이 걸려 있는 아궁이를 통해 방 밑으로 굴뚝이 연결되어 있었다. 집안은 아주 깔끔하게 정리되어 있었다. 굴뚝은 나무로 만든 집의 외벽 밖으로 나와 있었다. 아궁이 위쪽 공간을 '칸(кан)'이라고 불렀는

---

38 이곳이 1909년 시내로 편입되기 전 신한촌 구역이다. 이 구역의 한인을 1911년 전부 강제이주 시키고 러시아인이 들어온 것이다.

데, 바닥은 깔끔한 돗자리들이 깔려 있었고, 궤짝들이 있었으며, 그 위에 갠 이불들이 있었다. 방안의 선반에는 잘 닦은 놋쇠 그릇들이 놓여 있었다. 낮은 탁자에 둘러앉아 무릎을 꿇고 식사를 했다. 칸은 항상 매우 따뜻했으며 깨끗했고, 그곳에서는 맨발로만 다녔다.

류드밀라는 바로 '구들'에 대해 자세히 묘사하고 있다. 러시아인은 난로를 놓고 굴뚝을 지붕으로 빼내기에 구들이 참으로 신기했나 보다. 심지어 나무로 만든 집인데, 집 한가운데로 불을 때고 열기와 연기가 집 바닥 한가운데를 지나 집 밖의 땅으로 솟은 굴뚝을 통해 나온다는 게 몹시 흥미로웠던 것 같다. 또한 그녀는 방을 묘사하면서 이를 '칸'이라 불렀다고 했는데, 우리가 지금도 '단칸방 집', '세 칸 집' 하듯이 당시 방을 '칸'이라고 불렀던 것 같다. 우리는 그녀의 글을 통해 당시 신한촌에 살았던 한인이 대부분 구들을 놓고 살았다는 사실을 알게 되었다.

그녀는 계속해서 글을 이어간다.

중국인은 주로 세묘노프스키 시장에서 장사를 했다. 그들은 6~7명씩 동업하여 러시아인에게서 조그만 땅을 빌려 농작물을 심었고, 수확물을 수레나 어깨에 메는 바구니에 담아 가지고 와 세묘노프스키 시장에서 팔았다.

한인은 어선으로 잡은 물고기와 조개, 게 등을 세묘노프스키 항만 해변에서 팔아 돈벌이를 했다. 그들은 내가 사는 집 앞길을 통해 신한촌으로 귀가했다. 귀가하는 모습은 이러했다. 가장으로 보이는 남자가 뒷짐을 지고, 끝에 조그마한 솔방울 같은 것이 달린 얇고 긴 파이프로 담배를 피우며 앞서간다. 그 뒤를 아이를 포대기로 업은 아내가 뒤따른다. 여자는 아기를 업은 채 큰 바구니나 물이 담긴 항아리를 머리에 이고 따라

간다. 당시 도시의 물 사정은 좋지 않았다. 우리는 물을 길으러 멀리 있는 우물로 다녔다. 우리가 다닌 우물은 매우 깊었는데, 우리 아이들은 우물에서 물바가지를 끌어 올릴 때 여러 명이 힘을 합쳐 돌아가면서 끌어 올려야 했다.

이상이 류드밀라의 묘사다. 그녀는 물동이 항아리라고 하지 않고 "물이 담긴 흙으로 빚은 통"이라는 표현을 썼다. 그곳에서도 한인은 항아리를 많이 사용한 모양이다. 항아리에 대한 묘사는 필자도 처음 듣는다. 전통과 관습은 참으로 대단하다는 생각이 든다. 블라디보스토크에는 1890년대 말경 이미 가벼운 양은으로 만든 통들이 많았기 때문이다. 류드밀라는 1934년 이곳으로 이사 왔다고 했는데, 당시 그녀가 묘사한 한인의 모습은 당시 한반도의 한인과 똑같았다.

작은 샘에서 물이 고이기를 기다리는 한인 여인들(블라디보스토크, 조셉 카메닉 촬영, 1918~1919년경)

# 블라디보스토크, 또 하나의 한인 마을

우리는 지금까지 블라디보스토크 지역에 두 개의 한인촌, 즉 구한인촌(개척리)과 신한촌(신개척리)만이 존재한 것으로 알고 있다. 그러나 그 규모를 정확히 알 수는 없지만, 작은 한인 마을이 또 있었다.

이는 1902년 발행된 우편엽서로 알 수 있다. 바로 블라디보스토크에 있는 에게르쉘드곶(Мыс Эгершельд)이다.

1902년 발행된 위의 우편엽서는 세 장의 사진으로 구성되어 있다.

위 왼쪽 사진은 러시아 장갑순양함 '그로모보이호'이고, 오른쪽 사진은 신한촌 모습이다. 그리고 맨 앞의 사진이 에게르쉘드곶에 위치한 한인 마을이다. 메모한 사람이 "에게르쉘드곶 근처의 한인 마을"이라고 적고 있다.

순양함 그로모보이호는 당시 러시아를 대표하는 최고의 순양함이었다. 기존의 러시아 순양함 '러시아호'보다 훨씬 성능을 높여 1898년 5월부터 설계와 제작에 들어가 러시아 서부의 발트해에 있는 공장에서 만들어진 후, 곧바로 러시아 태평양함대에 소속되어 1901년 6월 30일 블라디보스토크에 도착한다. 즉 그로모보이호는 당시 러시아 순양함의 야심작이었으며, 태평양함대를 상징하는 순양함이었다. 태평양함대의 본부는 블라디보스토크다.

그런데 이상하고 흥미로운 것은 그로모보이호를 기념하는 1902년 블라디보스토크에서 발행된 우편엽서에 두 개의 한인촌을 담은 사진이 함께 들어가 있다는 점이다. 이는 무엇을 의미하는 것일까? 분명히 당시 그로모보이호는 태평양함대, 즉 블라디보스토크를 상징하는 러시아의 자랑인 최첨단 순양함이었다는 점이다.

이 엽서에 실린 한인 마을의 위치를 현재의 지도로 보면 다음과 같다.

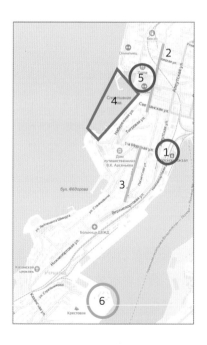

　　이미 앞에서 보았듯이 1번이 블라디보스토크역, 2번이 북쪽의 한인 거리, 3번이 남쪽의 한인 거리, 4번이 한인 어선 선착장이 있던 세묘노프스키 콥쉬(항만) 그리고 5번이 세묘노프스키 시장이다. 6번이 바로 작은 한인 마을이 있던 에게르쉘드곶이다. 작은 마을로 보이지만, 신한촌과는 정반대의 장소에 또 하나의 한인촌이 있었다는 점이 흥미롭다.

　　당시 에게르쉘드곶의 한인마을을 보여주는 사진이 몇 장 있다. 이 사진들은 1918~1919년경 촬영된 사진이므로 이곳의 한인들은 1911년 신한촌 지역으로 강제이주되지 않았다는 것을 알 수 있다. 사진으로 볼 때 이곳의 한인은 주로 고기잡이에 종사했던 것으로 보인다.

에게르쉘드곶의 한인 모습 1(조셉 카메닉 촬영)

에게르쉘드곶의 한인 모습 2

에게르쉘드곶의 한인 모습 3

에게르쉘드곶의 한인 모습 4

에게르쉘드곶은 블라디보스토크를 여행하는 한국인이 많이 찾는 관광 명소이기도 하다. 블라디보스토크항으로 들어오는 배들을 위한 등대가 있기 때문이다. 그러나 이곳에 한인 마을이 있었다는 사실도 함께 기억했으면 한다.

다음은 동시대 사진이지만, 주로 블라디보스토크 시내에서 촬영된 한인 모습을 담은 사진들이다. 이 사진들 또한 대부분 한인의 복장을 신기하게 여긴 러시아인과 다른 외국인이 촬영한 것들이다.

블라디보스토크의 한인[이 그림은 라닌(В. Ланин)의 사진을 그림으로 옮긴 것임, 1894년]

블라디보스토크역의 한인(머릴 하스켈 촬영, 1919년)

블라디보스토크의 한인 여인들(우편엽서, 1920년)

아기를 안고 있는 한인 여인
(우편엽서, 1900년대 초)

뽀끄롭스키 공원 근처의 한인(우편엽서, 1903년)

　　위의 맨 아래 사진은 쉘러라는 사람이 찍은 사진인데, "들에서 일하지 않
을 때의 한인 의상 모습"이라고 메모하고 있다. 정장한 한인의 의상 모습이라
는 뜻이다.

블라디보스토크의 한인[좌(1900년) 체친(Н. Чечин), 우(1904년) 니체취(П. Ничеч)가 찍은 사진]

한인 어린이들과 엘리너(시장에서 돌아오는 길, 엘리너 촬영, 1899년)

위의 맨 아래 사진 2장은 시장을 다녀오는 길에 찍은 사진이다. 사진 속의 두 소년은 엘리너와 시장에서 알게 된 사이로, 엘리너가 시장 볼 때 산 물건을 집으로 날라주곤 했고, 엘리너는 아이들에게 가끔 용돈도 주었다고 기록하고 있다. 오른쪽 사진의 여인이 엘리너다.

시장의 한인(엘리너 촬영, 1899년)

물동이를 지고 가는 한인(엘리너 촬영, 1899년)

시장 근처의 한인(엘리너 촬영, 1899년)

한인 아이들(블라디보스토크, 1905년),
러시아해군박물관 소장

시장의 한인 모습(우편엽서, 1905~1906년경)

한인과 중국인(블라디보스토크, 1918년), 블라디보스토크
요새박물관 소장

블라디보스토크의 한인
모습(1919~1920년경)

　　위의 맨 아래 오른쪽 사진은 외국인이 한인 할아버지와 기념촬영을 하고
싶어 안 찍으려 하는 할아버지를 강제로 양쪽에서 팔을 잡고 사진을 찍는 모
습으로 보이는데, 한인 복장이 매우 신기했나 보다. 겨울로 보이는데 할아버
지는 짚신을 신고 있다.

중국인 거리의 한인(우편엽서, 1919년)

세묘노프스키 시장의 한인(1919년)

블라디보스토크 시내의 한인(우편엽서, 1919년)

블라디보스토크 근교의 한인(1918년)

한인 의상 모습(블라디보스토크,
1918~ 1920년경, 로버트
에이첼버거 촬영)

블라디보스토크 '제1개천역'의 한인 모습 1
(1918~1919년경, 조셉 카메닉 촬영)

블라디보스토크 '제1개천역'의 한인 모습 2
(1918~1919년경, 조셉 카메닉 촬영)

블라디보스토크 근교의 한인(미군 William M.
Planert 촬영, 1918~1919년)

블라디보스토크 근교의 한인(미군 William M. Planert
촬영, 1918~1919년)

여기에서도 흥미로운 것은 대도시로 이주한 후에도 한인 대부분은 조선의 의복과 머리모양을 하고 살았다는 것이다. 또한 블라디보스토크역의 한인에서 볼 수 있듯이 외출할 때는 가장 좋은 옷으로 정장한 것으로 보인다. 구한인촌 및 신한촌에서의 모습과는 달리 복장이 정갈한데, 외출 시 단정하게 차려입는 우리의 전통에서 기인하는 것이 아닌가 하는 생각이 든다.

# 우수리스크 고려사범학교

옛 고려사범학교의 현재 모습[현재는 연해주 문화학교로 사용되고 있다.
현 주소: 아게예바 거리 75(улица Агеева 75)][39]

연해주 우수리스크시에는 옛 고려사범학교 건물이 거의 옛 모습 그대로 남아
있다. 이 학교는 러시아 극동지역 곳곳에 산재해 있는 한인 학교에 필요한 교
사들을 양성하는 곳이었다.

　이 학교는 원래 1907년 세워진 '여자 초급신학교'로 출발했고, 곧이어 '한

---

39　우수리스크 시내에는 세 개의 중요한 한인 유적이 남아 있는데, 독립운동가 최재형 선생의 마지막
　　고택, 제2차 전로한족회중앙총회가 열렸던 건물 그리고 고려사범학교다. 이 세 건물은 고려인센터
　　미르의 김승력 대표가 오랜 고생 끝에 2003년경 발굴하여 학계에 알렸고, 이로 인해 한국에 알려지게
　　되었다.

인 교육초급학교'가 만들어져 한 건물에서 두 개의 학교로 사용되었다. 그러다가 1923년 4월 23일자 지역국민교육청의 명령에 따라 학교 명칭이 '니콜스크-우수리스크 사범학교(Никольск-Уссурийский педагогический техникум)'로 변경되어 승격된다.

니콜스크-우수리스크는 현 우수리스크의 옛 지명인데, 당시 이 학교는 두 개의 분과로 구성되었다. 즉, 고려(인) 분과와 러시아(인) 분과로 나뉘어 운영되다가 1925년부터는 러시아 분과가 없어지고 학교 이름도 '니콜스크-우수리스크 고려사범학교(Никольск-Уссурийский корейский педагогический техникум)'로 바뀐다. 온전한 한인 학교가 된 것이다.

1924~1925년에는 65명의 한인 학생이 공부했는데, 학생들은 해가 갈수록 증가하여 1930년경에는 고려사범학교에서 420명의 교사가 배출되는 큰 성과를 이룬다.[40]

1923년부터 학교가 두 개의 분과로 구성되어 출발했으나, 출발 당시에도 사실상 고려사범학교였던 것으로 판단된다. 이는 1923년 이 학교에 1학년으로 입학한 연해주 시지미 한인 시골 마을 출신인 김인섭이라는 사람이 당시부터 학교의 정식명칭인 니콜스크-우수리스크 사범학교가 아니라 1925년에 바뀐 '고려사범학교'라는 명칭을 쓰고 있기 때문이다.

1923년 고려사범학교를 촬영한 사진이 있다. 이 사진은 우편엽서인데, 위에 소개한 김인섭이라는 사람이 구입해 1924년 시지미 한인 마을에 사는 동생들에게 편지와 함께 동봉한 귀한 자료다. 그는 동생들의 안부와 함께 학교에 대한 설명도 꼼꼼히 했는데, 독자들의 흥미를 자아내기에 충분하다고 생각된다.

1923년 발행된 고려사범학교 우편엽서는 학교의 새로운 출범을 기념하

---

40   Ким Герман, Начало формирования корейской национальной интеллигенции на советском Дальнем Востоке. (http://world.lib.ru/k/kim_o_i/ps1rtf.shtm 참조).

니콜스크-우수리스크 고려사범학교(1923년 여름)

1924년 늦가을 김인섭이 한인 마을 시지미에 사는 동생들에게 보낸 편지

여 나온 것으로 판단된다. 당시의 사진을 보면 현재의 건물과 외장만 조금 다를 뿐 거의 완전히 똑같다.

고려사범학교 학생들(하단에 이름과 전공 및 학년을 적었다, 1924년)

고려사범학교 학생들(1924~1927년경)

고려사범학교 학생들로 이루어진 순회공연단
(1924~1927년경)

위 사진에 대해 잠깐 설명하고자 한다.

당시 학생들은 공부만 한 것이 아니라 연극, 노래, 악기 등에 재능이 있거
나 관심이 있는 학생들이 동아리를 구성하여 도시 및 시골의 한인 마을들을
돌며 공연했다. 이는 당시 볼거리나 즐길거리가 별로 없던 시골 마을 한인에

게 큰 재미를 선사했다. 뒤에 나오지만 블라디보스토크 고려극장도 이런 동아리 모임에서 시작되었다.

사진 상단에 '니우시고사교 순회연극단'이라고 메모해놓았는데, '니우시'는 지금의 우수리스크시(市)의 옛 지명인 니콜스크-우수리스크시(市)의 약어이고, '고사교'는 교사학교(사범학교)를, '순회연극단'은 순회연극단을 말한다.

고려사범학교 학생들(1927년)

위 고려사범학교와 관련된 사진 자료는 김인섭의 딸인 김예브게니야가 발표하여 알려지게 된 귀한 자료다. 그녀에 의하면 아버지 김인섭은 1927년 고려사범학교를 마치고 바로 이 학교에서 5년간 교사로 일했다. 그 후 1933년 학업을 계속하기 위해 레닌그라드 국립종합대학교에 입학하여 공부하던 중 1938년 졸업반인 5학년 때 당시 한인 지식인들이 그러했듯 소련당국에 체포되어 일제 간첩 혐의로 총살되었다. 당시 그녀의 나이 6세였다. 그녀의 남동생과 어머니는 우리 동포가 이미 강제이주 된 카자흐스탄으로 보내졌다

김인섭 가족사진(가운데 여아가 김예브게니야, 1936년)　　　김인섭의 유품

고 한다.[41]

　　위는 그녀의 아버지가 총살되기 전 촬영한 가족사진이다.

---

41　Ким Евгения Лаврентьевна, Об отце, о себе…, Корё сарам 2014년 8월 6일자 인터넷판 참조.

# 블라디보스토크 고려사범대학교

블라디보스토크에는 4년제 고려사범대학교가 있었다. 기록에 따르면 블라디보스토크 고려사범대학교는 1931년 역사학부, 문학학부, 물리·수학학부 및 생물학부로 정식 출발했는데, 위의 우수리스크 고려사범학교와 마찬가지로 처음부터 독립적으로 고려사범대학교가 출발한 것은 아닌 것으로 보인다.

처음에는 즉, 1929년 국립극동사범대학교(государственный дальневосточный педагогический институт имени Ушинского) 산하 노동학부로 시작했고, 1931년 4개 학부를 더하여 독자적으로 정식 출범한 것으로 보인다. 당시 노동학부 2회 졸업생 기념사진에 그렇게 메모되어 있다.

상단에 메모된 러시아어를 번역하면 "극동사범대학 산하 블라디보스토크 사범대 노동학부 2회 졸업생(1930~1934년)"이다.

위 사진에 따르면 블라디보스토크 고려사범대학 노동학부 1회 입학생은 1929년이어야 한다. 따라서 블라디보스토크 고려사범대학은 1929년 국립극동교육사범대학의 한 분과(노동학부)로 시작하여 2년 후 4개 학부를 더하여 공식 출범했다고 보는 것이 타당할 듯하다.

1931년 독자적으로 출범한 블라디보스토크 고려사범대학은 1934년 217명의 교사를 배출했다. 고려사범대학은 건물이 비좁아 공공체육시설 등을 강의실로 사용했다. 본관으로 사용된 건물은 현재 러시아은행이 사용하고 있는데, 우수리스크 고려사범학교 건물과 마찬가지로 외부 장식만 바뀌었을 뿐 골격은 그대로다.

고려사범대학 본관으로 사용된 옛 사진이 있어 싣는다.

블라디보스토크 고려사범대학 건물(연도 미상)

# 고려극장

한인의 문화활동 욕구는 러시아 극동지역 곳곳에서 젊은이들을 중심으로 분출되었는데, 특히 연해주의 블라디보스토크가 중심이 되었다. 1920년대에는 연극·드라마 동아리 형태로 전통극 및 현대극을 공연했다. 이후 이러한 동아리 모임들은 결실을 보게 되는데, 극동변경집행위원회의 결정으로 1932년 9월 9일 이러한 연극동아리들을 기반으로 하여 블라디보스토크에 고려극장이 설립되었다. 정식명칭은 '극동변경지역 고려극장(Дальневосточный краевой корейский театр)'이다. 이 극장은 블라디보스토크에 기반을 두고 러시아 극동지역을 순회하며 공연하는 극장이었다.

지역 콩쿠르에 참가한 한인 연극동아리(앞줄 오른쪽에서 세 번째가 연성용, 1928년)

「춘향전」 공연준비 모습(1935년 블라디보스토크 고려극장)

「춘향전」 공연을 알리는 블라디보스토크
고려극장의 러시아어 공고문(연출가는
물론 도령, 춘향, 방자, 향단 및 사또 등의
역할을 맡은 배우들의 이름이 모두 적혀
있다)

고려극장 공연 장면(한인의 항일투쟁을 그린 「장평동의 횃불」로 판단된다)

고려극장에서는 한인의 항일투쟁을 그린 「장평동의 횃불」, 우리 전통극
인 「춘향전」, 「심청전」 및 「흥부전」 등 많은 작품이 공연되었다. 특히 「춘향
전」은 인기 있는 주요 작품이었다고 기록들은 전한다.[42]

1937년 한인이 중앙아시아로 강제이주 되면서 고려극장 또한 존폐위기

42    https://koryo-saram.ru/dalnevostochnyj-kraevoj-korejskij-teatr-1932-1937-gody-g-vladivostok/

에 처하지만, 카자흐스탄의 우슈토베 등 이곳저곳을 전전하다가 극장을 지키고자 하는 사람들의 노력으로 1968년 카자흐스탄의 알마아타에 자리 잡게 된다. 즉, 알마아타의 고려극장은 블라디보스토크 고려극장이 강제이주 된 후 다시 정착한 극장이다.[43]

---

43    https://koreantheatre.com/?page_id=16694

# 고려라디오방송국

블라디보스토크에는 고려극장뿐만 아니라 고려라디오방송국과 산하에 고려합창단도 있었다. 정확하게는 연해주지역라디오위원회 산하 고려라디오방송분과였다. 고려라디오방송분과는 1934년 8월 설립되어 하루에 10분(18:50~19:00) 방송했지만, 고려민족에 대한 소식을 우리말로 전했다.

고려라디오방송에서는 우리 민족의 소식과 함께 주로 교양과 음악을 소재로 방송했는데, 우리의 전통 노래, 러시아 노래 및 유럽의 노래 등 다양했다.

고려라디오방송국 산하 고려합창단은 왕성한 활동을 했는데, 고려극장과 마찬가지로 블라디보스토크뿐만 아니라 러시아 극동지역을 순회 공연했다. 고려합창단의 높은 수준과 열정적인 활동 결과 연해주지역라디오위원회는 1937년 3월 모스크바에서 열리는 제1회 소련 라디오페스티벌에 고려합창단을 참가시키기로 결정한다. 연성용을 지휘자로 하는 총 30명으로 구성된 고려합창단은 제1회 소련 라디오페스티벌에서 표창장을 수여하는 성과를 거두었다.

다음의 고려합창단 사진은 1937년 3월 모스크바에서 열린 제1회 소련 라디오페스티벌에서 돌아온 후 고려라디오방송국 건물 앞에서 기념촬영한 것이다. 같은 해 가을 자행된 중앙아시아로의 강제이주가 5개월도 안 남은 시점이었다.[44]

---

44  https://koryo-saram.ru/korejskaya-muzyka-v-programmah-natsionalnogo-radioveshhaniya-na-dalnem-

고려라디오방송국 직원들(블라디보스토크, 1937년)

고려합창단(블라디보스토크, 1937년 4월 16일)

vostoke-rossii-v-1926-1937-gg/

# 러시아 극동지역에서의 항일 독립운동

연해주를 중심으로 러시아 극동지역에서는 1908년 2월 26일(제1호) 최초의 한글신문인 「해조신문」을 시작으로 「대동공보」, 「청구신보」, 「한인신보」, 「권업신문」, 「대한인정교보」 등이 발행되었다.

여기서 우리가 잊지 말아야 할 것은 위의 모든 신문이 명칭과는 상관없이 그 주요 내용이 항일운동과 대한독립을 목표로 하고 있었다는 점이다. 지금까지 남아 있는 위 모든 신문의 기사 내용은 항일독립을 위한 계몽과 대한독립을 위한 한인의 자세를 언급하는 기사들로 점철되어 있었다고 해도 과언이 아니다. 단순한 일반 소식지가 아니라 대한독립을 위한 사실상의 독립신문들이었다.

또한 동의회, 창의대, 기성실업회, 대한인국민회 지부, 13도의군, 성명회, 권업회, 전로한족회중앙총회(후에 대한국민의회), 명성회(청년조직), 공립협회, 대한국민노인동맹단 및 혈성단, 대한독립군, 다반군대, 이항군대, 고려혁명군 등 많은 항일 투쟁단체들과 항일 무장빨치산 부대들이 조직되어 조국독립을 위해 치열하게 투쟁했다. 이처럼 러시아 극동지역은 1900년대 초부터 북간도 지역과 더불어 자연스럽게 항일 독립운동의 근거지가 되었고, 우리 독립운동사에서 중요한 역할을 하게 된다.

또한 1918~1922년 극동 내전 시기에는 일본, 미국 등 외국 간섭군대 및 일제의 지원을 받는 백군들과의 투쟁에서 한인 빨치산이 혁혁한 성과를 거둔다.

러시아 극동지역이 항일투쟁의 전초기지가 된 이유는 이미 이곳으로 많은 한인이 이주해서 정착하여 살고 있었기 때문에 가능했다. 즉, 이곳에서 항일투쟁에 필요한 젊은 투사들과 독립운동 자금을 모을 수 있었기 때문이다.

### 1) 동의회

동의회(同義會)는 1908년 5월경 연추(현재의 끄라스끼노)에 있던 러시아지역 독립운동의 대부인 최재형 선생 집에서 결성된 조직으로, 이주 한인의 애국심 고취와 항일투쟁을 목적으로 했다. 당시 최재형 선생은 연추에 거주했다.

동의회 결성 취지서의 일부를 소개하면 다음과 같다.

… 만약 조국이 멸망하고 형제가 없어지면 우리는 뿌리 없는 부평이라 다시 어디로 돌아가겠는가. 그러하면 우리는 어찌하여야 우리 조국을 붙들고 동포를 건지겠는가. 금일 시대 첫째 교육을 받아 조국정신을 배양하고 지식을 밝히며 실력을 길러 단체를 맺고 일심동맹하는 것이 제일 방침이라 할지라. 그런고로 우리는 한 단체를 조직하고 동의회라 이름을 발기하노니…

동의회 임원진
총장: 최재형
부총장: 이범윤
회장: 이위종
부회장: 엄인섭
평의원: 안중근, 엄인섭
위원: 백규삼, 이경화, 김기룡, 강창평, 최천오, 함동철, 정순만, 전명운,
　　　이홍기, 김용환, 한경현 등

동의회 취지서가 실린 「해조신문」
(1908년 5월 10일자)

「해조신문」의 뒤를 이은 독립신문인
「대동공보」(1909년 1월 20일자)

### 2) 창의대

창의대(倡義隊)는 이범윤이 중심이 되어 조직하고 운영한 항일 의병부대다. '창의소(倡義所)' 또는 '창의서(倡義舒)'라고도 했다. 우리나라에서는 창의회(彰義會)로 더 잘 알려져 있는데, 이는 잘못이라고 생각한다. 회(會)라는 것은 모임 성격이 강하여 의병군대를 격하하는 표현이 될 수 있다. 더군다나 창의대에 참여한 항일인사들은 '창의대'나 '창의소'라고 했지 '창의회'라는 표현을 쓰지 않았기 때문이다.

창의대 조직 시기에 대해 의견이 분분한데, 1908년 8월 20일 또는 그 이전으로 추정된다. 이는 "창의대 결성을 알리며 홍범도를 창의대장으로 한다"라는 이범윤의 통문(通文)이 1908년 8월 20일자로 되어 있기 때문이다. 또한 이범윤이 문창범에게 창의소 설치에 대한 협조를 요청하며, 위 통문의 당위성을 설명하는 서신을 보낸 것이 같은 해 8월 24일자다.

창의대는 동의회보다는 의병 결사의 성격이 좀 더 구체화된 조직이었다. 연추에 본부를 두었고 군자금 모집, 군 장비 확보 등 의병 관련 업무를 지휘한 것으로 생각된다. 창의대 참여 인사들은 다음과 같다.

창의대 임원진

도총장(都總將): 이범윤(李範允)

창의대장(倡義大將): 홍범도(洪範圖)

도총장(都總長, 都總務라고도 했음): 박기만(朴基萬)

부총장(副總長): 김병연(金秉淵)

재무장(財務長): 김규서(金奎瑞)

사무장(事務長): 최치언(崔致彦)

간부: 채희건(蔡稀乾), 이중선(李仲善), 이공묵(李公默), 진우종(陳禹鍾), 엄인섭 (嚴仁燮), 김기룡(金起龍), 안중근(安重根) 등

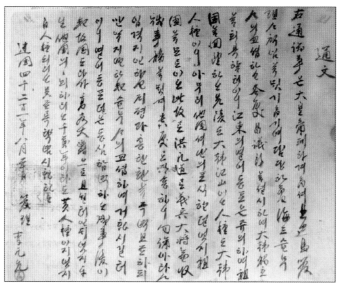

창의대 결성을 알리는 이범윤의 통문(1908년 8월 20일)

이범윤의 통문 일부를 소개하면 다음과 같다.

… 대황제 폐하[45]께옵서 북간도관리사 책임을 맡기셨기에 담당했고 해삼
순무사[46]와 교섭하고 각처에 창의소를 설치하여 대한독립을 회복할터이
니 강동(江東)[47]의 여러 동포는 주의하여 조국을 회복하오. 선릉도 대한강
산이오 인종도 대한인종이니 아무리 타국서 난의포식한들 어찌 조국을
모르이오. 이후로 홍범도로 의병대장 겸 수급사무를 맡겨 … 여러 동포
들은 동심합력하오…

건국 4201년[48] 8월 20일 관리 이범윤

이범윤의 임명장(1908년 12월)

홍범도와 박기만의 임명장(1909년 12월)

### 3) 연추의병부대

연추의병부대는 1908년 이범윤, 최재형 등이 동의회와 창의대를 배경으로 조

---

45   고종을 말함.

46   연해주 군총독(軍總督)을 말함.

47   우수리강 동쪽, 즉 연해주를 의미함.

48   4241년을 잘못 표기한 것으로 보인다.

직한 부대라고 알려져 있다. 이는 맞는 말이지만, 연추의병부대가 새로 조직된 별도의 이름을 갖는 의병부대는 아니었던 것으로 판단된다. 독립군들은 이 부대 또한 '창의대'라고 불렀기 때문이다.

이미 언급했다시피 동의회는 연추(현재의 끄라스끼노)에서 조직되었고, 창의대 또한 연추가 본부였기에 당연히 의병 군사력이 연추에 집중되어 있었다. 이 때문에 '연추의병부대'라고 이름 붙여진 것으로 판단된다.

잘 알려진 바와 같이 1909년 2월 7일 안중근 의사가 동지 11인과 함께 약지(藥指)를 끊어 태극기에 '대한독립(大韓獨立)'이라는 글자를 피로써 맹세하며 동의단지회를 결성한 곳도 이곳 연추다.

안중근 의사가 동의회의 주요 간부였고 동시에 창의대 우령장(右領將)인 참모중장(參謀中將)이었던 점을 감안하면, 연추의병부대는 새로운 조직이 아니라 창의대가 항일무장투쟁을 성공적으로 전개하기 위해 현대화된 군조직으로 개편하여 전투 진영을 견고히 한 것으로 보는 것이 타당하다.

이 시기의 창의대는 규모가 3~4천 명이었다고 알려져 있는데, 연추를 근거지로 연추는 물론 각처에 창의소를 두었고, 창의대 병사들은 각처의 마을에 분산 합숙훈련하며 국내진공작전을 준비했다. 1908년 국내진공작전으로 두만강을 건너 함경북도 경원의 신아산, 회령 영산 등에서 일본수비대를 격파하기도 했다.

이범윤의 위임장(1910년 5월)

창의대장 홍범도의 영수증(1909년)

### 4) 13도의군

1910년 5월경 블라디보스토크에서 13도의군(十三道義軍)이 조직되었다. 유인석(柳麟錫), 이상설(李相卨), 이범윤(李範允) 등이 러시아령 안의 여러 의병조직을 하나로 통합 조직했다.

도총재에 유인석, 창의총재에 이범윤, 장의총재에 이남기(李南基), 도총소찬령에 최진해(崔珍海), 도총소참모에 우병렬(禹炳烈), 도총소의원에 홍범도(洪範圖), 이진룡(李鎭龍), 그리고 국내에서 신민회 등 애국계몽운동을 벌인 안창호(安昌浩), 이갑(李甲) 등이 선임되었다.

또한 장차 국내로 조직을 확대할 목적에서 각 도에 총재, 찬령, 참모, 규찰 등의 임원을 두었다. 그러나 일제가 러시아 정부에 러시아령에서의 항일운동 확대를 우려하여 항일지사들을 강력히 제지할 것을 강력히 요구하자, 이에 굴복한 러시아 정부가 항일인사들을 탄압함으로써 그 활동이 위축되어 결국 별다른 성과를 거두지 못한 채 해체되었다.

최진해를 도총소찬령에 임명한다는 유인석의 임명장(1910년 5월)

### 5) 성명회

1910년 8월 일제의 한국 강점 소식이 전해졌다. 유인석, 이범윤, 김치보, 차석보, 김좌두 등은 즉각 블라디보스토크에서 성명회(聲鳴會)를 조직하고 8,624명의 연명을 붙여 각국 정부에 일제의 만행을 규탄하는 성명서를 발송하기로 결의했다.

이범윤(李範允)은 의병에 의한 국내진공작전과 나아가 독립전쟁을 계획했다. 이에 놀란 일제는 러시아 정부에 항일인사들을 강력히 제재할 것을 강하게 요구했다. 일제의 압력에 못 이긴 러시아 당국에 의해 13도의군과 성명회 간부가 체포되었고, 이범윤, 이상설 등은 유배되었다가 다음 해인 1911년 석방되었다.

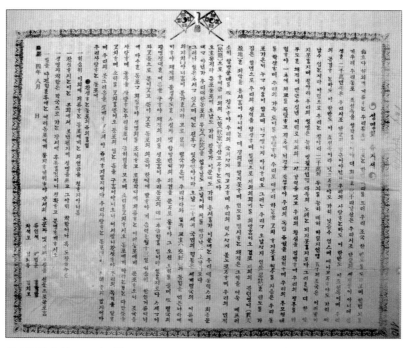

성명회 취지서(1910년 8월)

성명회 취지서 내용은 다음과 같다.

슬프다. 해외에 거류하는 우리 동포여. 동포는 한번 머리를 들어 우리 조국 한반도를 돌아보며 한번 뇌를 기울여 우리 동포 조선족을 생각할지어다. 저 화려한 삼천리강산은 우리 시조 단군의 세전물이 아니며 신성한 2천만 민족은 우리 시조 단군의 혈손이 아닌가. 우리의 사랑하는 바도 이 한반도 이 조선족이며 우리의 공경하는 바도 이 한반도 이 조선족이라. 잊고자 하여도 가히 잊을 수 없으며 떠나고자 하여도 가히 떠날 수 없는지라. 이럼으로 우리는 차라리 2천만의 두뇌를 능히 베어버릴지언정 오천년 조국은 잃어버리지 못할지며, 차라리 우리의 생명은 능히 바칠지언정 타족의 노예는 되지 못할지로다. … 오호통재라 동포동포여 오늘도 가히 참을가 이 문제도 가히 용서할가 이 문제는 우리 대동력사의 최종문제가 아닌가 우리 대한동포의 무장(武裝)을 입을 날도 오늘이며 피를 뿌릴 날도 오늘이로다. …

융희 4년 8월

### 6) 권업회

최재형의 주도로 신채호, 장도빈, 이상설, 이동휘 등은 1911년 12월 19일 권업회(勸業會)를 조직했고 블라디보스토크에 본부를 두었다. '권업회'라 이름 지은 이유는 러시아 정부의 눈을 피하기 위함이었다. 즉, 표면상으로 "한인에게 근로를 권장하고 교육을 보급한다"라는 점을 강조하기 위함이었으나 사실은 조국독립에 목적이 있었다. 1912년 4월 22일부터 독립신문인 「권업신문」을 발간했다.

「권업신문」(제18호, 1912년)                   권업회 가입 신청서

「권업신문」의 주필과 편집인 신채호, 이상설, 장도빈          이상설 선생 유허비(1917년 사망,
우수리스크)

### 7) 대한국민의회

1917년 6월 4일 러시아 연해주 니콜스크-우수리스크(현재의 우수리스크)에서 각지에서 온 한인 대표 96명이 참가한 가운데 제1차 전로한족회대표자회('한족대회'라고도 함, 대회장 최만학)가 개최되었다. 원호인(러시아 국적 취득 이주 한인)[49]이 중심이 되어 일본과 우호관계에 있던 러시아 케렌스키 임시정부를 지지했다. 원호인은 항일 독립운동보다는 러시아인과 동등한 권리 및 한인 자치권을 확보하는 데 주요 목적이 있었다. 따라서 제1차 전로한족회대표자회의는 독립운동가 및 여호인과 견해를 좁히지 못한 채 마치게 된다.

원호인은 1917년 7월 5일부터 자신들의 기관지로 러시아 연해주 니콜스크-우수리스크에서 주 1회 「청구신보」를 발행했다.

이와 견해를 달리하는 항일인사들과 한인은 독자적으로 블라디보스토크 신한촌에서 1917년 7월 8일부터 주 1회 「한인신보」를 발간한다. 「한인신

「청구신보」(좌)와 「한인신보」(우)

---

49    당시 러시아 국적 미취득 한인은 '여호인'이라 불렀다.

보」에는 러시아 귀화 여부를 불문하고 러시아 연해주 블라디보스토크 신한촌의 영향력 있는 한인 인사들이 모두 참여했다. 이 신문은 항일 독립운동이라는 목표를 전면에 내세웠으며, 러시아에 사는 한인의 계몽과 권익옹호에 몰두했다. 러시아 케렌스키 임시정부에 대해 비판적인 민족적 사회주의 성향을 가진 인사들이 적극 참여했다.

또한 「한인신보」 창간을 주도한 한인은 원호인·여호인 구분 없이 한인의 대동단결을 주장하며 1918년 1월 항일인사들을 중심으로 모여 한족중앙총회 결성을 결의한다.

같은 해인 1918년 6월 13~23일 제2차 전로한족회대표자회가 제1차 대회가 열렸던 니콜스크-우수리스크에서 열렸는데, 각지에서 100여 명이 넘는 한인 대표들이 참석했고, 결국 이 회의에서 전로한족회중앙총회가 결성된다. 이러한 이유로 1918년 6월 니콜스크-우수리스크에서 열린 전로한족회중앙총회도 제2차 전로한족회중앙총회라고 부른다.

아래 사진은 제2차 전로한족회중앙총회가 열린 건물이다.

1918년 6월 제2차 전로한족회중앙총회가 열린 건물(우수리스크).
현 주소: 고리꼬보 거리 20(улица Горького, 20). 현재 No.11 학교임.

　　대한의 독립을 더욱 구체화하고 실행하기 위해 러시아 극동지역의 항일
한인 지도자들은 1919년 3월 17일 전로한족회중앙총회를 발전적으로 해산
하고 임시정부 성격을 갖는 '대한국민의회'로 명칭을 변경한다. 사실상 우리
민족 최초의 임시정부다. 대한국민의회는 같은 날 한글, 한문 그리고 러시아
어 3개 언어로 대한독립을 선언한다.

대한국민의회의 독립선언서(1919.3.17)

　　대한국민의회는 독립실현과 한민족의 단결을 위해 얼마 뒤에 수립된 상해임시정부(1919.4.11) 및 서울의 한성정부와 협의하여 상해임시정부로 통합하기로 합의하고 같은 해 9월경 자진 해산한다.

### 8) 한인사회당

1918년 5월 이동휘, 박진순, 김 알렉산드라 스탄케비치 등은 러시아 10월 사회주의혁명의 영향을 받아 한인사회당을 결성했다. 이들은 사회주의 계열이었지만, 조국독립이 최고 목표였다.

이동휘(상해 임시정부 초대 국무총리)

김 알렉산드라 스탄케비치

김 알렉산드라 스탄케비치가 일한 건물과 이를 알리는 표지판(하바롭스크, 그녀의 업적을 기리기 위해 러시아 정부에 의해 보호 건물로 지정되어 있다)

В. И. Ленин на заседании Комиссии по национальному вопросу II Конгресса Коминтерна.
Справа от В. И. Ленина Пак Чинсун

레닌 옆에 앉은 박진순

### 9) 신한촌의 만세운동

국내의 3.1독립운동은 연해주, 만주, 미국 등으로 울려 퍼졌고, 이미 위에서 언급했듯이 대한국민의회는 신한촌에서 1919년 3월 17일 대한독립을 선언하고 만세운동을 벌인다. 다음 해에도 신한촌에서는 3월 독립만세운동을 기념하는 기념식을 열고 민족독립 정신을 고취한다.

3월 만세운동 1주년 기념행사(신한촌, 1920년)

3월 만세운동 1주년 기념행사(신한촌, 1920년)

신한촌의 독립문(1920년)

### 10) 대한국민노인동맹단

대한국민노인동맹단(大韓國民老人同盟團)은 독립운동가인 김치보 선생이 주도하여 1919년 3월 블라디보스토크 신한촌에서 결성되었다. 노인동맹단은 청년들의 독립운동을 지원하기 위해 46세 이상의 한인을 중심으로 하여 조직된 항일 독립운동단체다.

노인동맹단은 국내 및 국외에서 만세운동을 계획하는 한편 블라디보스토크 주재 일본총영사관에 독립요구서를 제출하는 등 활발한 운동을 벌였다. 노인동맹단을 설립한 같은 해 5월 노인단원 이발(李撥), 정치윤(鄭致允) 등 5명의 대표단이 서울에 들어와 시위운동을 벌이다가 일제 경찰에 체포되었다.

또한 강우규 선생을 국내로 파견하여 사이토 마코토(齋藤實) 조선 총독을 처단하고자 했다. 당시 65세였던 강우규 선생은 일제 총독을 암살하기로 결의하고 1919년 8월 서울에 잠입했다. 같은 해 9월 2일 남대문 정거장(지금의 서울역)에서 제3대 총독으로 부임하는 사이토 마코토에게 수류탄을 던졌다.

비록 총독 암살에는 실패했지만, 정무총감, 만철(남만주철도) 이사, 일본 경찰 등 37명을 사상케 했다. 거사 뒤 현장을 빠져나오는 데 성공했으나 이곳저곳으로 피신하다가 9월 17일 일제 앞잡이에게 붙잡혀 1920년 11월 29일 서대문형무소에서 사형당했다.

강우규 의사와 동지

대한노인동맹단 명단(1919년 음력 9월), 독립기념관 소장

　　여기서 대한노인동맹단 결성을 주도한 김치보(1859~1941년 ?) 선생에 대해 짧게나마 살펴보고자 한다. 김치보 선생은 평양 출신으로 언제부터인지는 확실치 않으나 1906년에 블라디보스토크 한인촌에서 거주한 것은 분명하며, 이후 한인촌에서 덕창국이라는 한약방을 운영하며 조국독립을 위해 헌신하였다.

　　그의 활동영역은 항일투쟁은 물론 교육을 통한 계몽활동, 블라디보스토크 한인촌의 대표는 물론이며 러시아극동지역 거주 한인들의 전권대표로서 한인들의 어려움을 러시아 당국에 호소하고 해결하고자 하는 등 거의 전 분야를 망라하고 있다.

블라디보스토크 한인촌 강제이주에 대한 부당성을 알리는 탄원서 등을 러시아어로 작성하여 1906년 연해주 군총독에게 호소하는 등 러시아국적을 취득하지 못한 한인들을 위한 활동은 이미 앞에서 살펴보았다.

또한 국민회 블라디보스토크 지회 회원으로 활동하였고 청년돈의회 회장을 맡아 한인 계몽교육활동에도 힘을 쏟았다. 1910년 8월 성명회의 병탄조약 원천무효 선언서를 주도하였고, 1911년 권업회에 참여하여 통신부장으로 활동하였다. 1919년 대한국민의회 의원으로 선출되었고, 3·1운동 소식이 들려오자 연해주 일대에서 대규모 만세시위를 전개하였다. 또한 1919년 3월 대한노인동맹단 단장으로서 블라디보스토크 주재 일본총영사관에 독립요구서를 제출하였고, 같은 해 9월 강우규 의사를 국내에 결사대로 파견하여 거사를 지원하였으며 독립신문인 『한인신보』 고문단장으로도 활동하였다.[50]

1922년 1월에는 신한촌의 한민학교에서 발기인 및 82개 한인학교 대표가 회합하여 '조선인 교육회'를 결성하고 운영진에 선출되는데,[51] 그가 교육사업에 힘쓴 이유는 교육과 계몽을 통해 한인들의 독립의식을 고취하고자 함으로 생각된다.

1922년 4월에는 '천도교청년회 해삼위연예단'[52] 총 21명이 입국하여 8월경까지 평양, 순안, 안주, 정주, 신의주, 인천, 대구, 경주, 울산, 동래, 김해, 밀양, 마산, 진주, 통영, 이리, 함흥 등 27개 도시에서 순회공연을 하는데, 김치보 선생은 최고령자로서 천도교 해삼위교구 교구장이자 고문자격으로 함께 입국하여 전국을 순회한다.[53]

---

50 　국가보훈처 자료 참조.
51 　每日申報 1922.2.25.자. 4면.
52 　해삼위는 블라디보스토크를 말함.
53 　김치보 선생에 대한 자세한 내용은 '천도교회 월보'(1922.5) 참조.

이때 김치보 선생은 천도교 2대 교주 최시형의 아들인 최동희 선생 등 천도교 관계자들을 만나 조국독립을 쟁취하기 위해 '고려혁명위원회'를 조직하였다. 최동희 선생 등은 다음해인 1922년 블라디보스토크로 가서 김치보 선생등과 합류하고 조국독립을 위해 활동한다.

그러나 안타깝게도 조국독립을 위해 헌신한 김치보 선생의 사진이 아직까지 발견되지 않았다. 단지 유일하게 발견된 사진은 국내 순회공연 중 신문에 실린 단체사진이 유일하다.

이 사진은 每日申報(1922.4.23.자 3면)에 기사와 함께 실린 사진이다. 사진상태가 흐리지만 신문기사에 백발이 성성한 노인이라는 기사내용을 볼때 중절모를 쓰고 지팡이를 짚은 사진의 맨 오른쪽에 서 계신 분이 김치보 선생으로 추정된다.

## 11) 러시아 내전기의 항일 독립운동(1918~1922년)

1917년 러시아에서 10월 혁명이 일어나고 다음 해 이른바 러시아 백군으로 불리는 볼셰비키에 반대하는 세력들의 무장 항거로 내전이 일어난다. 이에 러시아 사회주의 혁명에 반대하는 미국, 일본, 영국, 캐나다, 프랑스, 이탈리아 등은 각종 명분을 내세워 1918년 러시아 극동지역으로 자국 군대를 파병한다. 심지어 중국군대도 파병되었다. 이러한 외국군대를 러시아에서는 외국간섭 군대라고 한다.

일제는 1918년 러시아 극동지역에 거주하는 일본인을 보호한다는 명분으로 블라디보스토크에 대군을 파병하여 점령하고 시베리아까지 진군한다.

이것이 바로 러시아 극동지역에서 한인 항일빨치산 무장투쟁이 더욱더 치열하게 전개되는 계기가 된다.

일제는 대규모 육군과 해군을 파병했고, 러시아 적군(볼셰비키)에 맞서는 백군에게 무기와 식량을 지원하며 세력을 넓혀나갔다. 이에 한인은 일제는 물론 일본군의 지원을 받는 백군 및 외국간섭군대와도 자연스럽게 적이 되었고, 일제에 반대하는 러시아 적군에게 우호적이 된다.

이러한 상황으로 인해 한인 무장세력과 러시아 적군은 한편에 서고, 다른 한편으로는 일본군, 러시아 백군 및 외국간섭군대가 한편이 된다.

이 때문에 러시아 극동지역에서 한인 항일빨치산 세력은 때로는 독자적으로, 때로는 러시아 적군과 연합하여 일본군, 백군 및 외국간섭군대와 피어린 전투를 치르게 된다.

항일빨치산 투쟁은 러시아 극동 거의 전 지역, 즉 연해주는 물론 하바롭스크주, 아무르주, 쁘리아무르 지역 등에 근거를 두고 간도 등 만주지역을 오가며 일본군과 치열한 전투를 벌였다. 1920년 6월 봉오동 전투와 같은 해 10월 청산리 전투는 북간도와 러시아 극동지역 항일빨치산 부대들의 대표적이고도 성공적인 연합작전이었다.

이미 앞에서 언급한 바와 같이 러시아 극동지역에서 한인의 빨치산 무장투쟁은 시기적으로 1918~1922년 가장 활발하게 전개되었다. 이에 대해서는 오늘날 어느 정도 알려져 있다. 그러나 이는 대부분 항일빨치산 투쟁에 참

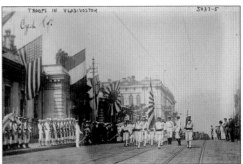

블라디보스토크를 점령한 일본군(육군과 해군, 1918년)

철도노동자 학살 후 기념촬영(1918년)　　니콜라옙스크-나-아무레의 일본군(1918년)

외국간섭군대의 행진(블라디보스토크, 1918년)　하바롭스크를 점령한 일본군(1920년)

가한 한인 독립운동가 중 스탈린 숙청을 피한 극소수의 투사가 남긴 극히 일부의 회고록 기록과 연구자들에 의해 알려진 문서보관소 자료에 의한 것이다. 그렇기 때문에 한인의 빨치산투쟁에 대해 온전히 밝히기에는 여전히 부족하다고 볼 수 있다. 특히 항일빨치산 투쟁에 참가한 대부분 독립운동가가 1937년을 전후하여 스탈린에 의해 대부분 숙청되었기에 회고록 등 빨치산 투쟁에 대한 기록이 적을 수밖에 없다.

블라디보스토크 소재 러시아국립극동역사문서보관소에 소장된 한인의 러시아 극동지역에서의 항일 독립운동 문헌을 가장 자세하게 소개하고 있는 글이 있다. 이는 1960년 톰스크에서 발행된 러시아국립극동역사문서보관소 소장자료 해제집이다. 이 해제집에는 여러 편의 글이 실려 있는데, 이 중 하스키나(С. Ш. Хаскина)의「극동에서 소비에트 권력을 위한 투쟁에 한인 노동자들의 참여에 대한 기록」, 하스키나가 라즈곤(И. М. Разгон), 프레로프(В. С. Флеров)와 함께 공동 저술한「극동지역에서 소비에트 권력을 위한 한인 노동자들의 우호적 투쟁 역사에 대하여」(1919~1922년)에서 한인의 빨치산 무장투쟁을 다루고 있다.

하스키나는 러시아국립극동역사문서보관소에 극동지역에서 일본군 등 외국 간섭군대와 백군을 물리치고 조국독립을 이루고자 한 한인의 투쟁에 대한 자료가 매우 풍부하다고 전하고 있다.

하스키나는 러시아 극동지역에서 한인의 항일 빨치산투쟁에 대해 가장 많이 담고 있는 문헌그룹은 '빨치산위원회(Партизанская комиссия) 문서군'인데, 러시아국립극동역사문서보관소에는 14개의 빨치산위원회 문서군이 있다고 한다. 이 14개의 문서군을 열람할 수 있게 되면 러시아 극동지역에서 한인의 항일빨치산 투쟁에 대한 더욱 자세하고 정확한 연구가 이루어질 것으로 기대된다.

하스키나 등은 위 14개 빨치산위원회 문서군 중 8개의 빨치산위원회 문

서군을 살핀 후 1919~1922년 러시아 극동지역에서 활동한 한인빨치산 부대 목록을 만들었다.[54]

**1919~1922년 극동지역에서 활동한 한인 빨치산 부대 목록**

| | 부대명 | 부대 지휘자 | 활동 시기와 활동 지역 | 출처 |
|---|---|---|---|---|
| 1 | 수찬 한인 빨치산 혁명부대<br>연해주 한인 빨치산 부대<br>제1 한인 빨치산 대대 | 한창걸(한 그리고리 옐리세예비치) | 1919~1922년 수찬, 올가, 이바노프카, 슈코토보, 아누치노, 소스노프카, 하바롭스크, 따라솝스크, 엘리니코보, 인 | 문서군 562, 문서철 134, 1~2쪽;<br>문서철 3395, 2쪽;<br>문서철 3392, 2쪽;<br>문서철 3213, 2쪽;<br>문서철 2087, 4쪽;<br>문서철 2017, 1쪽;<br>문서철 1408, 2, 4쪽;<br>문서철 1404, 1쪽;<br>문서철 1401, 1~3쪽;<br>문서철 1438, 1, 5~7쪽;<br>문서철 1435, 1쪽;<br>문서철 1523, 1쪽;<br>문서철 2117, 4쪽 |
| 2 | 제1 한인 빨치산부대 (혈성단-한인 빨치산부대) | 강군류 | 1919년 니콜스크-우수리스크 지역, 수이푼 지역 1920~1921년 아누치노 | 문서군 3736, 문서철 528, 2쪽<br>문서군 562, 문서철 2910, 1-6쪽 |
| 3 | 제2 한인 혁명부대 | — | 1920~1922년 쉬마코프카, 올가 구역(연해주) | 문서군 562, 문서철 2891, 2쪽;<br>문서철 1539, 2쪽 |
| 4 | 제3 한인 빨치산부대(수찬 빨치산 제6대대 제3 한인 중대) | 김려하, 김정하 | 1920~1922년 수찬, 쉬코토보, 올가, 니콜스크-우수리스크(연해주) | 문서군 562, 문서철 1395, 3~7쪽;<br>문서철 1217, 1쪽;<br>문서철 1692, 1-3쪽 |
| 5 | 올가 한인 빨치산부대(올가 전투지역의 한인 부대) | — | 1920년 4월~1922년 올가 지역(연해주) | 문서군 562, 문서철 1409, 1~3쪽 |

| | 부대명 | 부대 지휘자 | 활동 시기와 활동 지역 | 출처 |
|---|---|---|---|---|
| 6 | 소르바쿠안스크 한인 공산주의 부대 (소르바쿠안스크 한인부대, '고려공산당' 특수부대, '고려혁명군' 한인 빨치산부대 - '고려공산당'의 한인 혁명부대) | 이중집 | 1919년 5월~1922년 뽀크롭스크 지역, 니콜스크, 뽈따프카, 수이푼 지역(연해주) | 문서군 562, 문서철 124, 1쪽; 문서철 2919, 2쪽; 문서철 1293, 1쪽; 문서철 2918, 1쪽; 문서철 1273, 3~4쪽; 문서철 1516, 2쪽; 문서철 2125, 1쪽; 문서철 1412, 8, 17쪽; 문서철 2646쪽, 2쪽; 문서철 1406, 1, 3쪽; 문서철 1428, 1-2쪽 |
| 7 | 한인 혁명 빨치산부대 | 임평극 (이블라지미르, 이준쟈) | 1920~1922년 뽀시에트 지역, 수이푼 지역(연해주) | 문서군 562, 문서철 849, 1~4쪽; 문서철 2920, 1쪽; 문서철 1294, 1-2쪽; 문서철 1399, 1-2쪽; 문서철 1387, 1쪽; 문서철 2002, 4쪽; 문서철 2684, 3쪽; 문서철 1384, 5쪽 |
| 8 | 이만 한인 빨치산 부대 | 이용 (부대 창설자: 박춘군) | 1919~1922년 이만, 인, 볼로차예프카 | 문서군 562, 문서철 849, 1~4쪽; 문서철 2920, 1쪽; 문서철 1294, 1-2쪽; 문서철 1399, 1-2쪽; 문서철 1387, 1쪽; 문서철 2002, 4쪽; 문서철 2684, 3쪽; 문서철 1384, 5쪽 |
| 9 | 뽀시에트-훈춘 전선 한인 빨치산 부대 | 김경천 | 1921~1922년 뽀시에트, 아누치노, 이만(연해주) | 문서군 562, 문서철 2900, 1~4쪽; 문서철 1408, 2, 4쪽; 문서철 1436, 1, 5~7쪽; 문서철 1644, 1, 13쪽 |
| 10 | 한인 빨치산부대 (야로쉔코 부대에 소속되어 있었음) | 박두희 | 1922년 프리한카이 지역, 이만, 뽀끄로프카, 그로데코보(연해주) | 문서군 562, 문서철 2909, 2~3쪽; 문서철 1433, 1쪽 |
| 11 | 김계석(김혜석) 빨치산부대 | | 1921~1922년 니콜스크-우수리스크 지역, 이만, 수이푼(연해주) | 문서군 3736, 문서철 40, 2쪽; 문서군 562, 문서철 3527, 1쪽 |

| | 부대명 | 부대 지휘자 | 활동 시기와 활동 지역 | 출처 |
|---|---|---|---|---|
| 12 | 이준주 한인 빨치산부대 | | 1920~1922년 수이푼, 아누치노, 프리한카이 지역(연해주) | 문서군 562, 문서철 2882, 1쪽 |
| 13 | 허승완(허승만) 빨치산부대 | | 1920~1922년 그로데코보(연해주) | 문서군 562, 문서철 2879, 1~3쪽; 문서철 2002, 10쪽 |
| 14 | 임표 빨치산부대 (이만에 있던 빨치산부대) | 임표 | 1919~1921년 이만(연해주) | 문서군 562, 문서철 2765, 1쪽; 문서철 1226, 8쪽 |
| 15 | 제3 푸진스크 부대 | 한춘모 (강춘모, 강국 모, 한국모) | 1919~1921년 수찬, 야코블레프카, 수이푼지역(연해주) | 문서군 562, 문서철 1677, 1~2쪽; 문서철 2661, 1쪽; 문서철 2002, 4쪽; 문서군 3736, 문서철 501, 1쪽 |
| 16 | 김인천(김인철) 부대 | 김인천 (김인철) | 1920~1922년 수찬(연해주) | 문서군 562, 문서철 1677, 1~2쪽; 문서철 2002, 4쪽 |
| 17 | 전한인(全韓人) 빨치산부대 | 김수혁 (김경천의 다른 이름임) | 1920~1922년 수찬, 아누치노, 이만, 올가, 뽀시에트(연해주) | 문서군 562, 문서철 1418, 1~4쪽; 문서철 1408, 2~4쪽 |
| 18 | 최호림 한인 빨치산부대 | 최호림 | 1918~1922년 수이푼, 뽀시에트 지역(연해주) | 문서군 3340, 문서철 77, 1쪽; 문서군 562, 문서철 2928, 1쪽; 문서군 3736, 문서철 1382, 1쪽; 문서군 562, 문서철 1936, 1~2쪽 |
| 19 | 허수안 부대 | 허수안 | 1920년 니콜스크-우수리스크 지역 | 문서군 3829, 문서목록 1, 문서철 23, 2쪽 |
| 20 | 최용호 부대 (그로데코보 최용호 빨치산부대) | 최용호 | 1919년 그로데코보, 수이푼 지역(연해주) | 문서군 3736, 문서철 359, 9쪽; 문서군 562, 문서철 1387, 1쪽; 문서철 2691, 1쪽 |
| 21 | 한운룡 적군 빨치산부대 | 한운룡 | 1921년 이만 지역(연해주) | 문서군 562, 문서철 2975, 1쪽 |
| 22 | 박 그리고리 빨치산부대 | 박 그리고리 | 1922년 이만 지역(연해주) | 문서군 562, 문서철 2975, 3쪽 |

| | 부대명 | 부대 지휘자 | 활동 시기와 활동 지역 | 출처 |
|---|---|---|---|---|
| 23 | '광복군(Хан-Богун)' - 전투부대 | — | 1920~1921년 수찬 지역(연해주) | 문서군 562, 문서철 2096, 1쪽 |
| 24 | 한인 빨치산부대 | 이범윤, 이후 박인야 | 1919~1921년 뽀시에트-수이푼 지역(연해주) | 문서군 562, 문서철 1692, 6쪽 |
| 25 | 프리한카이 한인 빨치산부대 | 군사위원회 '협동인 ' | 1922년 프리한카이 지역(연해주) | 문서군 562, 문서철 1619, 5쪽 |
| 26 | 천군부(Тхон Гун-Бу) | — | 1922년 8월~10월 이만(연해주) | 문서군 562, 문서철 1411, 3쪽 |
| 27 | 한인 빨치산부대 (이군단) | — | 1919~1922년 노보끼예프카(연해주) | 문서군 562, 문서철 2726, 1쪽 |
| 28 | 한인 빨치산부대 | 허가이 | 1920~1922년 뽀크롭스크 지역 (연해주) | 문서군 562, 문서철 2729, 1쪽 |
| 29 | 한인 빨치산부대 | 채영 | 1919년 수찬 지역(연해주) | 문서군 3736, 문서철 402, 3쪽 |
| 30 | 최강식 한인부대 | 최강식 | 1920~1922년 뽀크롭스크 지역(연해주) | 문서군 3736, 문서철 897, 2쪽 |
| 31 | 사할린 특수한인 혁명빨치산부대, 연군, 연군사회 | 박 일리야 | 1920~1922년 니콜라예프스크-나-아무레, 블라고베쉔스크 | 문서군 562, 문서철 1283, 1쪽; 문서철 2544, 1쪽; 문서철 2482, 1쪽; 문서철 1679, 2쪽 |
| 32 | 임호 부대 | 임호 | 1919~1922년 니콜라예프스크-나-아무레 지역 | 문서군 3829, 문서철 93, 2쪽; 문서군 562, 문서철 2482, 1쪽 |
| 33 | 한인 빨치산부대 | 김 블라디미르 인노켄찌에비치 | 1921년 9월~1922년 인, 비라, 볼로차예프카 | 문서군 562, 문서철 1508, 8쪽 |
| 34 | 양강식 빨치산부대 | — | 1921년 볼로차예프카 | 문서군 562, 문서철 3187, 2쪽 |
| 35 | 한인 다반 빨치산부대 (다반 한인 적군 빨치산부대) | 창시자: 박 미하일 자하로비치 지휘자: 최 니콜라이 세메노비치 | 1920~1921년 크라스나야 레치카, 하바롭스크, 베리노 역(驛), 하바롭스크 근교의 노보-니콜라예프카 마을 | 문서군 3363, 문서철 91, 3쪽; 문서군 562, 문서철 1273, 5쪽; 문서철 2482, 7쪽; 문서철 1675, 1쪽; 문서군 3616, 문서철 1064; 문서군 562, 문서철 1390, 7쪽; 문서철 2344, 1쪽; 문서군 3736, 문서철 424, 4쪽; 문서철 381, 3쪽 |

| | 부대명 | 부대 지휘자 | 활동 시기와 활동 지역 | 출처 |
|---|---|---|---|---|
| 36 | 한인 빨치산부대 | ― | 1919년 7월~1922년 북만주, 이만, 자유시(자유시에서 칼란다라쉬빌리 부대에 합류함) | 문서군 562, 문서철 2678, 4쪽 |
| 37 | 유익천 부대 | 유익천 | 1919~1922년 연해주와 아무르 지역 | 문서군 3340, 문서목록 2, 문서철 132, 1쪽; 문서군 3736, 문서철 1255, 1쪽 |
| 38 | '자유' 한인 부대 | 오하묵 | 1920년 8월~10월 아무르 지역 | 문서군 562, 문서철 2883, 1쪽 |
| 39 | 대한인군 (대한독립군) | 홍범도 | 1919~1921년 이만(연해주), 제야 지역(아무르주) | 문서군 562, 문서철 1392, 1쪽; 문서철 1411, 3쪽 |
| 40 | 자유시 지역 한인 빨치산부대 | 천해세 | ― | 문서군 736, 문서철 32, 10쪽 |
| 41 | 자유시 지역 한인 혁명 빨치산부대 (한민족 특수 빨치산부대) | 오가이 (오하묵) | 1920년 3월~1921년 8월 아무르철도의 보취카레보역(驛)과 틴그다역(驛) 지역 | 문서군 562, 문서철 2679, 1쪽; 문서철 2094, 2쪽 |
| 42 | 산악유격부대 | 박 이반 다닐로비치 | 1919~1920년 히가노-아르하린스크 지역(아무르주) | 문서군 3265, 문서철 120, 2쪽 |
| 43 | 최준회 부대 | 최준회 | 1919년 제야 지역(아무르주) | 문서군 3616, 문서목록 1, 문서철 417, 1쪽 |
| 44 | 부트린의 '스따리카' 부대의 한인 빨치산 중대 | 김 표도르 | 1919년 아무르주 | 문서군 3736, 문서철 1238, 1쪽 |
| 45 | 야로쉔꼬 빨치산부대의 한인 기관총부대 | ― | 1919~1922년 연해주 | 문서군 562, 문서철 1413, 3쪽 |
| 46 | 쿠진 옐리세이 부대의 한인 보병 중대 | ― | 제야 지역(아무르주) | 문서군 562, 문서철 1382, 1~4쪽 |
| 47 | 개별 한민족 여단 | 칼란다라쉬빌리 | 1922~1923년 아무르주, 이르쿠츠크 | 문서군 562, 문서철 1394, 1쪽 |

   한인 빨치산 투사들과 러시아 빨치산부대의 피어린 투쟁은 외국간섭군대들에게 큰 타격을 주었다. 이에 일제를 제외한 다른 나라의 군대들은 본국으로 철수하기 시작한다. 미국은 1920년 4월 마지막 남아 있던 부대까지 모두 철군시킨다. 그러나 일본군은 끝까지 남아 버티다가 빨치산 투사들의 공격으로 결국 1922년 10월 26일 러시아 극동지역에서 총퇴각한다.

   다음은 피어린 투쟁의 삶을 살았던 항일투사들의 모습이다. 얼마 되지 않는 남아 있는 사진 자료들이다.

한인 빨치산부대(하바롭스크, 1919년)

한인 항일 빨치산부대(쉬꼬토보, 1921년)

고려혁명군 한창걸 부대 대원들(수찬, 1922년 이른 봄)

한창걸(왼쪽에서 세 번째)과 부대 대원들

수찬 한인 빨치산

이중집(앞줄 오른쪽에서 두 번째)과 동지

한인 빨치산부대 통합 관련 동지와 함께[블라디보스토크, 1920년, 앞줄 맨
왼쪽 김규면(백추), 뒷줄 왼쪽 임표]

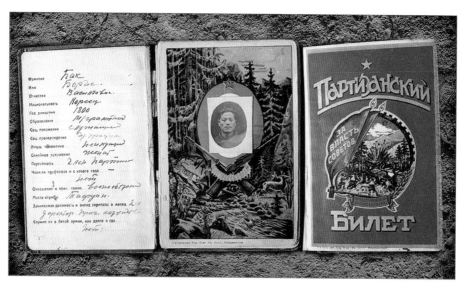

항일 빨치산 대원증(박 보리스)

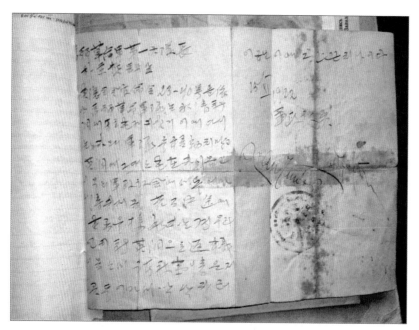

한창걸이 고려혁명군 제1대대장 박경철에게 보낸 편지(1922.11.13)
(출처: ГАТО(타시켄트주 국립문서보관소), ф.947, оп.2, д.228, л.38.)

최재형(러시아 지역 독립운동가의 대부)

홍범도

한창걸(1936년)

김경천(일본 육사
생도 시절)

이용(李鏞, 1907년
네덜란드 헤이그에서
개최된 만국평화회의에
고종의 특사로 파견된
이준 열사의 큰아들.
연해주에서 빨치산투쟁
지휘)

강상진(대한독립군비단)

최봉설('간도 15만원
사건'의 주역)

김희천

황하일

최계립

남만춘(1938년 사망)

박청림(혈성단)

김병하 중대장(쉬꼬토보)

Ма Чун Гер (слева), Николай Ким, Ким Дюн.

왼쪽부터 마춘걸, 김 니콜라이, 김준

채영(蔡英)

최호림

신우여(고려혁명군)

1921년 12월 이만 전투에서 사망한 고려의용군 2중대장 한운룡의
영결식 장면(이 전투에서 46명의 한인 병사가 전사함, 1922년)

이만 전투의 전사자 장례식

이만 전투
생존자 마춘걸[55]

김유천(1922년 3월
이만 달레네첸스크
전투의 영웅, 1929년
만주 동청철도 전투에서
부상을 입고 전사함)

김유천 거리의 집들(하바롭스크). 하바롭스크시 당국은 김유천의 공적을 기리기 위해 1930년부터 김유천 거리를 만들었다. 위 김유천 거리의 집들은 2019년 촬영한 것임.

항일 빨치산투쟁 지도자들(1930년, 앞줄 왼쪽부터
한창걸, 오성묵, 뒷줄 왼쪽부터 강상주, 이인섭)

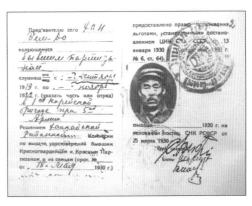

홍범도의 빨치산 활동 증명서(1930년)

홍범도 가족(연해주 한까호수         한창걸 가족(1925년)
주변에서, 1929년)


### 12) 1920년 4월 참변

러시아 극동지역에서 끊임없이 저항하는 항일세력을 소탕하고자 일본군은 1920년 4월 4~5일 블라디보스토크 신한촌은 물론 러시아 극동지역의 주요 항일 거점지역을 동시에 기습 공격한다. 즉, 4월 4일 밤중을 기하여 동시에 습격했다.

특히 일본군은 한인 민간인에게도 무자비하게 대했는데, 4월 5일 새벽 4시에 신한촌을 기습 공격하여 수십 명을 살해했다. 또한 수백 명을 일본군 헌병대로 연행했는데 그 생사는 알지 못한다. 신한촌에 들어선 일본군은 제일 먼저 한인신보 신문사가 있던 한민학교를 공격하고 불을 질렀는데, 당시 학교 안에 사람들이 있었다. 일본군은 4월 5일 오후에 일제 앞잡이들을 동원해 다시 신한촌을 공격했고, 다음날인 4월 6일에도 또다시 급습했다. 일본군은 한인 가게를 약탈하고 태극기가 있는 집을 찾기 위해 신한촌 가옥들을 뒤지며 샅샅이 수색했다. 일본군은 독립운동가의 위치를 대라며 남녀노소를 가

---

55   이만 전투와 관련된 3장의 사진은 1927년 블라디보스토크에서 한글로 발간된 책 『십월혁명십주년
     과 소비에트 고려인』에 실린 사진이다.

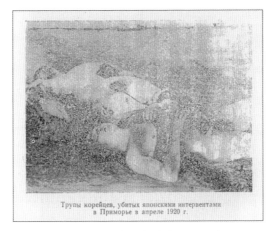

Трупы корейцев, убитых японскими интервентами
в Приморье в апреле 1920 г.

4월 참변(일본군에 학살된 한인, 연해주, 1920년)

4월 참변, 일본군에 학살된 한인과 러시아인(연해주 스빠스크, 1920년)

체포된 한인과 러시아인(블라디보스토크, 1920년)

리지 않고 총 개머리판으로 내리찍는 등 무자비한 학대를 가했다.(러시아국립극동역사문서보관소, 문서군 P-534, 문서목록 1, 문서철 389, 1-204.)

같은 해 4월부터 5월까지 자행된 일본군의 만행으로 러시아 극동지역의 무수한 한인이 학살되었을 뿐만 아니라 연해주에서 활동하던 러시아지역 독립운동가의 대부인 최재형(崔在亨) 선생과 김이직(金理直), 엄주필(嚴柱弼), 황경섭(黃景燮) 등 많은 한인 지도자가 사살되었다.

당시 러시아 극동지역에서 러시아인 빨치산부대 지도자로 무장투쟁을 지휘한 러시아인 일류호프는 "일제는 특히 한인에게 짐승과 같이 무자비했고, 이 당시 얼마나 많은 한인이 죽었는지 헤아리기조차 어렵다"라고 자신의 회고록에 썼다.

# 러시아극동문서보관소와
# 한인활동 관련 사료

블라디보스토크에 소재한 러시아극동문서보관소의 정식명칭은 러시아국립 극동역사문서보관소(Российский государственный исторический архив Дальнего Востока: РГИАДВ)다. 러시아극동문서보관소에는 그 이름에서 알 수 있듯이 러시아 극동 지역에서 일어난 일들과 관련된 각종 사료가 보관되어 있다.

러시아국립극동역사문서보관소

1863년 연해주의 뽀시에트로 13가구가 최초로 이주한 이래 시작된 한인의 극동지역 이주와 1937년 스탈린 정부에 의해 중앙아시아 등지로 강제이주 되기 전까지 한인의 활동에 관한 자료 또한 많이 보관되어 있을 것이라는 점 또한 추측하는 것이 어렵지 않다.

　　즉 이 문서보관소에는 한인 이주, 한인 생활, 극동에서 한인의 항일 독립
운동과 사회주의 운동 및 한인 인사들에 대한 방대한 자료들이 포함되어 있
다.[56]

　　러시아극동문서보관소에 보관되어 있는 문서 중 항일 독립운동 관련 사
료 중 극히 일부를 원본 그대로 소개하며 글을 마치고자 한다.

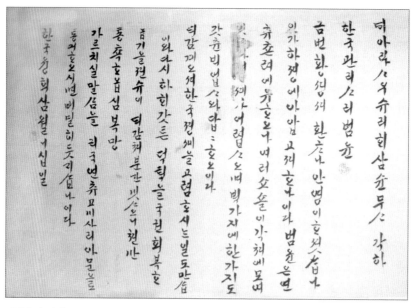

이범윤이 연해주 군(軍)총독에게 보낸 서신(1907년)
(출처: 러시아국립극동역사문서보관소, 문서군 1, 문서목록 11, 문서철 73, 13.)

---

56　　이에 대한 자세한 내용은 박환 교수의 『在蘇韓人民族運動史: 연구현황과 자료해설』, 國學資料院,
　　　1998을 참조하기 바람.

이범윤 명함(러시아어)
(출처: 러시아국립극동역사문서보관소, 문서군 1, 문서목록 11, 문서철 73, 22.)

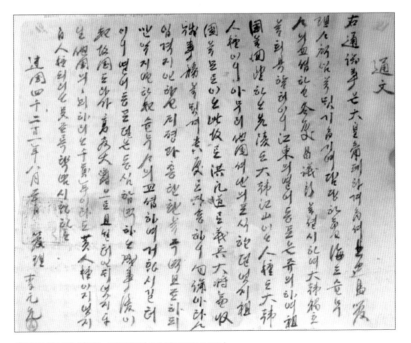

창의대 결성을 알리는 이범윤의 통문(1908.8.20.)
(출처: 러시아국립극동역사문서보관소, 문서군 1, 문서목록 11, 문서철 73, 20.)

문창범에게 창의대 결성 당위성과 협조를 부탁하는 이범윤 서신(1908.8.24.)
(출처: 러시아국립극동역사문서보관소, 문서군 1, 문서목록 11, 문서철 73, 70.)

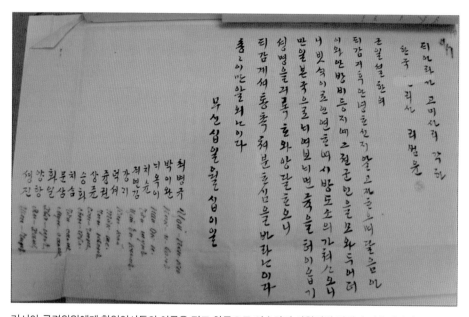

러시아 국경위원에게 항일인사들의 이름을 적고 한국으로 이송하면 사형시킬 것이니 이송시키지
말아 달라는 이범윤의 간곡한 부탁 서신(1908.11.12.)
(출처: 러시아국립극동역사문서보관소, 문서군 1, 문서목록 3, 문서철 1160, 177.)

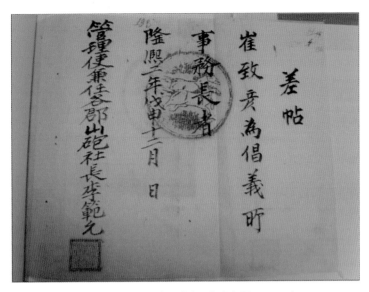

최치언을 창의대 사무장으로 봉한다는 이범윤의 임명장(1908.12.)
(출처: 러시아국립극동역사문서보관소, 문서군 1, 문서목록 11, 문서철 73, 136.)

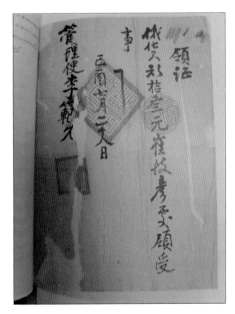

이범윤의 수령증(1909.7.28.)
(출처: 러시아국립극동역사문서보관소, 문서군 1,
문서목록 11, 문서철 73, 132.)

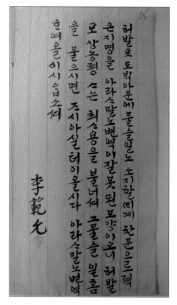

한문으로 적은 지명이 러시아어로 잘못 번역되었으니 하바롭스크에
사는 최사용에게 물어 정정하여 제출하라는 이범윤의 서신(1912.10.)
(출처: 러시아국립극동역사문서보관소, 문서군 702, 문서목록 4,
문서철 763, 25o6.)

이범윤의 서신(1909.9.8.)
(출처: 러시아국립극동역사문서보관소, 문서군 1, 문서목록 11, 문서철 73, 25.)

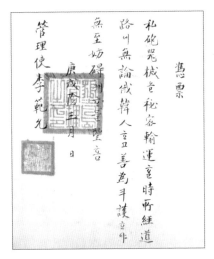

이범윤의 빙표(1910년 음력 3월)
(출처: 러시아국립극동역사문서보관소,
문서군 1, 문서목록 11, 문서철 73, 19o6.)

유명서를 창의대 사무원으로 임명한다는 이범윤의
위임장(1910.5.)
(출처: 러시아국립극동역사문서보관소, 문서군 1, 문서목록 11,
문서철 73, 36.)

진우종을 창의대 사무원으로 임명한다는 이범윤의
위임장(1910.5.)
(출처: 러시아국립극동역사문서보관소, 문서군 1, 문서목록 11,
문서철 73, 37.)

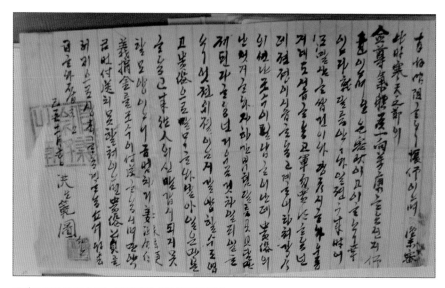

군자금 모금을 호소하는 홍범도의 서신(1909.11.)
(출처: 러시아국립극동역사문서보관소, 문서군 1, 문서목록 11, 문서철 73, 69.)

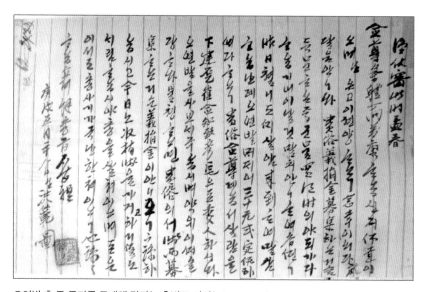

오연발 총 등 무기를 구매해 달라는 홍범도 서신(1910.3.23.)
(출처: 러시아국립극동역사문서보관소, 문서군 1, 문서목록 11, 문서철 73, 65.)

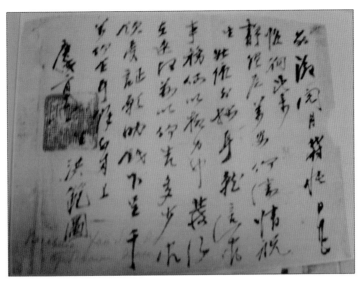

군자금 지원을 요청하는 홍범도 서신(1910.2.11.)
(출처: 러시아국립극동역사문서보관소, 문서군 1, 문서목록 11, 문서철 73, 34.)

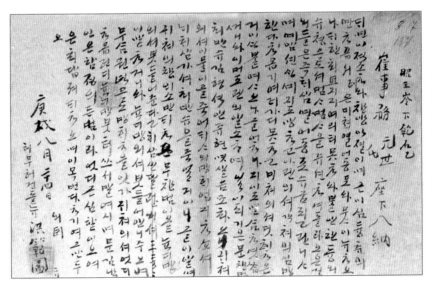

최원세에게 보내는 홍범도 서신(1910.8.24.)
(출처: 러시아국립극동역사문서보관소, 문서군 1, 문서목록 11, 문서철 73, 140.)

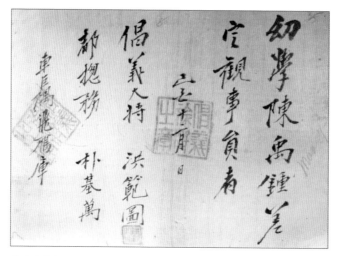

창의대장 홍범도와 도총무 박기만 명의의 임명장(1909.12.)
(출처: 러시아국립극동역사문서보관소, 문서군 1, 문서목록 11, 문서철 73, 35.)

최치언 명의의 창의대 군자금
수령증(1909.12.)
(출처: 러시아국립극동역사문서보관소,
문서군 1, 문서목록 11, 문서철 73,
33.)

홍범도 명의의 창의대 군자금
수령증(1909년 음력 10월)
(출처: 러시아국립극동역사문서보관소,
문서군 1, 문서목록 11, 문서철 73,
72.)

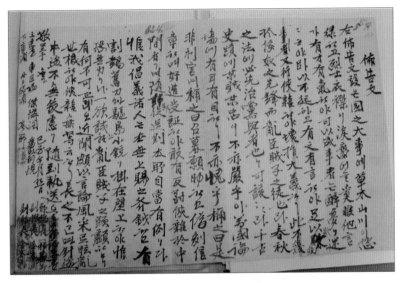

창의대 간부 박기만, 김병연, 김규서 명의의 포고문(1909년)
(출처: 러시아국립극동역사문서보관소, 문서군 1, 문서목록 11, 문서철 73, 137.)

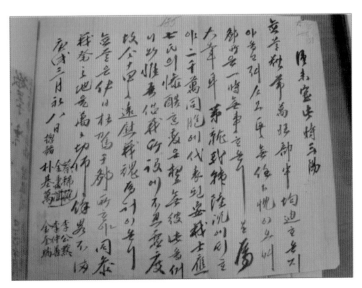

안중근 의사 추모제에 참석해달라는 박기만 외 5인 명의의 서신(1910.3.)
(출처: 러시아국립극동역사문서보관소, 문서군 1, 문서목록 11, 문서철 73, 138.)

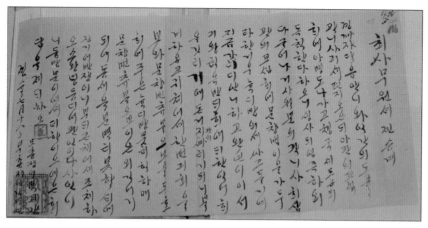

박기만, 김병연이 최원세에게 보낸 서신(1910.7.18.)
(출처: 러시아국립극동역사문서보관소, 문서군 1, 문서목록 11, 문서철 73, 139.)

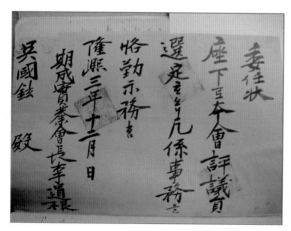

기성실업회회장 이도근의 위임장(1909.12.)
(출처: 러시아국립극동역사문서보관소, 문서군 702,
문서목록 4, 문서철 763, 84.)

기성실업회 의연금 영수증(1909.4.)
(출처: 러시아국립극동역사문서보관소,
문서군 702, 문서목록 4, 문서철 763, 86.)

13도의군 도총재 유인석이 최진해를 도총소찬령으로 정한다는 임명장(1910.5.10.)
(출처: 러시아국립극동역사문서보관소, 문서군 1, 문서목록 11, 문서철 73, 135.)

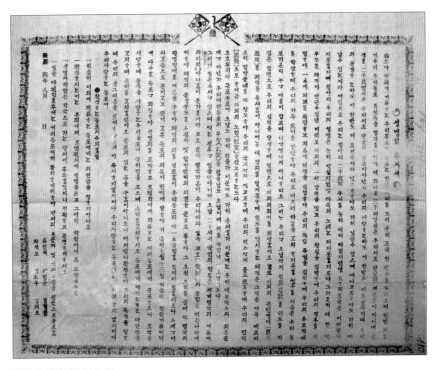

성명회 취지서(1910.8.)
(출처: 러시아국립극동역사문서보관소, 문서군 1, 문서목록 11, 문서철 73, 180.)

대한국민의회 독립선언서(1919.3.17.)
(출처: 러시아국립극동역사문서보관소, 문서군 P-534, 문서목록 4, 문서철 212, 98.)

# 참고문헌 및 자료

**국내문헌**

국가보훈처, 『러시아지역 항일독립운동가 추모특별기획전(시베리아의 항일영웅들)』.

독립유공자협회, 『러시아지역 한인사회와 민족운동사』. 교문사. 1994.

박영석, 『만주·노령지역의 독립운동』. 독립기념관. 1992.

박환, 『시베리아 한인민족운동의 대부 최재형』. 역사공간. 2008.

박환, 『재소한인민족운동사: 연구현황과 자료해설』. 국학자료원. 1998.

Пак Хван, 『Листая памяти страницы(Российские корейцы в фотографиях)』. Минсоквон. 2015г.

윤병석, 『해외동포의 원류』. 집문당. 2005.

이상근, 『한인노령이주사연구』. 탐구당. 1996.

이인섭, 『망명자의 수기』. 한울. 2013.

편집부 편, 『한국독립운동사자료집: 홍범도편』. 한국정신문화연구원. 1995.

편집부 편, 『한국민족문화대백과사전』. 웅진출판. 1991.

한국독립운동인명사전편찬위원회, 『한국독립운동 인명사전』. 독립기념관. 2019.

**한글 발행 신문·잡지**

「권업신문」(제18호, 1912년)

「대동공보」(1909.1.20.자)

「每日申報」(1922.2.25.자 4면)

「每日申報」(1922.4.23.자 3면)

「천도교회 월보」(1922.5)

「청구신보」(제15호, 1917년)

「한인신보」(제1호, 1917년)

「해조신문」(1908.5.10.자).

**국외문헌**

편집부 편, 『십월혁명 십주년과 소비에트 고려인』(10 годовщина Октябрьской революции и корейский народ в Советах), 블라디보스토크, 1927.(한글로 발행됨)

Александровская Лариса Витальевна, 『Карл Шульц - фотолетописец Владивостока конца XIX века: документально-историческое повествование』, Владивосток, Приморский государственный объединенный музей, 2013.

А. Шурыгин и Е. Бруй, 『4-5 АПРЕЛЯ 1920 ГОДА// СБОРНИК ДОКУМЕНТОВ』. ХАБАРОВСК - ДАЛЬГИЗ. 1937.

Бабичев И. И. 『Участие китайских и корейских трудящихся в гражданской войне на Дальнем Востоке』, <Госиздат УзССР> - Ташкент, 1959.

В.В. Граве, 『Китайцы, корейцы и японцы в Приамурье』 : отчёт Уполномоченного Министерства Иностранных Дел В. В. Граве, Санкт-Петербург : Тип. В.Ф. Киршбаума, 1912. (Труды командированной по высочайшему повелению Амурской экспедиции; Вып. 11).

В.В. Ланин, 『Альбом Амура и Уссурийского края. 3 тома』, Николаевск на Амуре, 1876.

В.К. Арсеньев и Е.И. Титов, 『Быт и характер народностей Дальневосточного края』, ≪Книжное дело≫ Хабаровск - Владивосток, 1928.

Г.П. Турмов, 『Владивосток на почтовых открытках: истор.-библиогр. альбом: В 3 кн.』, Владивосток, изд-во ДВГТУ, 2005.

Д.А. Анча, В.И. Калинин, Т.З. 『Поздняк Владивосток в фотографиях Мэрилла Хаскелла 11 Августа 1919 - 23 Февраля 1920 годов』. Изд-во РИОТИП. 2009.

Деег Лотар, 『Кунст и Альберс. История немецкого торгового дома на российском Дальнем Востоке(1864-1924 г.)』, Владивосток : Изд. дом Дальневосточного федерального ун-та, 2012.

Елена Нестерова, 『Владивостокские рынки конца XIX-начала XX в.: попытка социокультурного анализа』// Сборник ≪Этнические рынки в России: пространство торга и место встречи≫. Иркутск - Изд-во Иркут. гос. ун-та, 2015. с. 307-326.

И.М. Разгон, В.С. Флеров, С.Ш. Хаскина, 『К истории боевого содружества с трудящимися корейцами в борьбе за советскую власть на Дальнем Востоке』(1919∼1922 гг.)// ЦГА РСФСР ДВ. ТРУДЫ т.1. Томск. 1960.

『ИСТОРИЯ КОРЕЙЦЕВ КАЗАХСТАНА』// СБОРНИК АРХИВНЫХ ДОКУМЕНТОВ. Т.2, 알마아타 한국교육원, 1999.

И.О. САГИТОВА, 『Миссионерские школы для корейских детей на территории Приморского края (втор. пол. 19 в. - н.20 в.)』. (러시아정교회 관련 사이트 рустрана.рф. 2007.10.11.자).

Ким Герман, 『Начало формирования корейской национальной интеллигенции на советском Дальнем Востоке』 (http://world.lib.ru/k/kim_o_i/ps1rtf.shtm 참조).

Ким Сын Хва, 『Очерки по истории советских корейцев』, Алма-Ата, 1965.

『Корейцы и инородцы Южно-Уссурийского края Приморской области』(Инородческое население Приамурского края. вып.1)// Сборник главнейших официальных документов по управлению Восточной Сибирью. т.IV. Иркутск. 1883.

『КОРЕЙЦЫ НА РОССИЙСКОМ ДАЛЬНЕМ ВОСТОКЕ(ВТ. ПОЛ. XIX — НАЧ. XX ВВ.)』// ДОКУМЕНТЫ И МАТЕРИАЛЫ, Кн. 1-2. Владивосток - Российский государственный исторический архив Дальнего Востока, 2004.

М.Т. Ким, 『Корейские интернационалисты в борьбе за власть Советов на Дальнем Востоке (1918-1922)』, <Наука> - Москва, 1979.

Н.В. Кюнер, 『Статистико-географический и экономический очерк Кореи』// Часть. 1. Статистико-географический очерк Кореи. Владивосток, 1912.

Н. Ильюхов и М. Титов, 『Партмзанское движение в Приморьи』, <ПРИБОЙ> - Ленинград, 1928.

Н.Н. Паничкин, 『Краеведческий вестник музеев Уссурийского городского округа』, Уссурийск, 2016.

Н.П. Матвеев. 『Краткий исторический очерк г. Владивостока』, Владивосток, изд-во ≪Рубеж≫, 2012.

О.Б. Лынша, 『Зарождение школьного образования среди корейского населения Южно-Уссурийского края во второй половине XIX века』『Journal of Culture』 Seoul 2008. 24 June (на корейском и русском яз.). С. 3-72.

Р. Ш. Джарылгасинова. 『Историческая топонимия корейских поселений на российском Дальнем Востоке (вторая половина XIX - начало XX в.)』. 『Этнографическое обозрение』 2004 г., № 4.

С. Аносов. 『Корейцы в уссурийском крае』. Хабаровск-Владивосток. 1928.

С. Нам, 『Коркйский национальный район』. М., 1991.

С.Н. Шишкин, 『Гражданская война на Дальнем Востоке』. Военное издательство министерства обороны СССР. Москва. 1957.

С.Ш. Хаскина, 『Документы об участии корейских трудящихся в бробье за власть советов на Дальнем Востоке』// ЦГА РСФСР ДВ. ТРУДЫ т. I . Томск. 1960.

Элеонора Лорд Прей, 『Владивостокский альбом』. Владивосток, "Рубеж", 2012.

Элеонора Лорд Прей, 『Письма из Владивостока(1894-1930)』, Изд-во: Альманах "Рубеж", 2008.

Элеонора Лорд Прей, 『Письма из Владивостока(1894-1930)』, Владивосток, "Рубеж", 2011.

Я.А.Барбенко, 『Расселение корейцев по Дальнему Востоку России как фактор отношений русских крестьян и корейских переселенцев во второй половине XIX - первой трети XX вв.』 『Сибирская Заимка』 인터넷 판, 2012.4.6.자.

### 문서보관소, 박물관, 도서관

ГАТО(타시켄트주 국립문서보관소), ф.947, Оп.2, д.228, лл.38-44.

ГАХК(하바로프스크주 국립문서보관소)// Фотодокументальная выставка "Из истории взаимоотношений России и Кореи"(2020.).

ГАХК, ф.44-п, Оп.1, д.601, лл.1-64.// Воспоминания об участии трудящихся корейцев в граждансой войне на Дальнем Востоке (최호림의 회고록, 러시아어).

Российский государственный архив кинофотодокументов.

РГАСПИ(러시아국립사회정치사문서보관소), Ф.495, Оп.154. Д.188. лл.67-79.// В восточный отдел исполкома Коминтерна 『Доклад о прложении корейского населения в Приморской губернии. 15.05.1924.』

РГИА ДВ(러시아국립극동역사문서보관소), Ф.1, Оп.3, Д.1160, л.177.

РГИА ДВ, Ф.1, Оп.11, Д.73, л.13.

РГИА ДВ, Ф.1, Оп.11, Д.73, л.19об.

РГИА ДВ, Ф.1, Оп.11, Д.73, л.20.

РГИА ДВ, Ф.1, Оп.11, Д.73, л.22.

РГИА ДВ, Ф.1, Оп.11, Д.73, л.25.

РГИА ДВ, Ф.1, Оп.11, Д.73, л.33.

РГИА ДВ, Ф.1, Оп.11, Д.73, л.34.

РГИА ДВ, Ф.1, Оп.11, Д.73, л.35.

РГИА ДВ, Ф.1, Оп.11, Д.73, л.36.

РГИА ДВ, Ф.1, Оп.11, Д.73, л.37.

РГИА ДВ, Ф.1, Оп.11, Д.73, л.65.

РГИА ДВ, Ф.1, Оп.11, Д.73, л.69.

РГИА ДВ, Ф.1, Оп.11, Д.73, л.70.

РГИА ДВ, Ф.1, Оп.11, Д.73, л.72.

РГИА ДВ, Ф.1, Оп.11, Д.73, л.132.

РГИА ДВ, Ф.1, Оп.11, Д.73, л.135.

РГИА ДВ, Ф.1, Оп.11, Д.73, л.136.

РГИА ДВ, Ф.1, Оп.11, Д.73, л.137.

РГИА ДВ, Ф.1, Оп.11, Д.73, л.138.

РГИА ДВ, Ф.1, Оп.11, Д.73, л.139.

РГИА ДВ, Ф.1, Оп.11, Д.73, л.140.

РГИА ДВ, Ф.1, Оп.11, Д.73, л.180.

РГИА ДВ, Ф.28, Оп.1, Д.78.// Перепись населения г. Владивостока 1883 г.

РГИА ДВ, Ф.28, Оп.1, Д.234, лл.366-366об.

РГИА ДВ, Ф.28, Оп.1, Д.377, лл.17-17об.

РГИА ДВ, Ф.28, Оп.1, Д.377, лл.110-110об.

РГИА ДВ, Ф.28, Оп.1, Д.377, лл.124-126об.

РГИА ДВ, Ф.28, Оп.1, Д.391, л.11.

РГИА ДВ, Ф.702, Оп.1, Д.700, лл.4-4об.

РГИА ДВ, Ф.702, Оп.1, Д.700, л.373.

РГИА ДВ, Ф.702, Оп.3, Д.376, л.32.

РГИА ДВ, Ф.702, Оп.4, Д.763, л.25об.

РГИА ДВ, Ф.702, Оп.4, Д.763, л.84.

РГИА ДВ, Ф.702, Оп.4, Д.763, л.86.

РГИА ДВ, Ф.Р-534, Оп.1, Д.389, лл.1-204.

РГИА ДВ, Ф.Р-534, Оп.4, Д.212, л.98.

РГИА ДВ, Ф.р-2422, Оп.1, Д.1492, лл.86-87. // 「Доклад Уполономоченного по корейским делам Приморского губисполкома о реорганизации корейских школ в губернии」.

VÚA(Vojenský ústřední archiv, 체코 군사중앙문서보관소)// ≪Josef Kameník Collection≫.

Государственный музейно-выставочный центр РОСФОТО.

Государственный музей-заповедник Владивостокская крепость.

Государственный исторический музей.

Государственный литературный музей.

Государственный центральный музей современной истории России.

Омский государственный историко-краеведческий музей.

Приморский государственный объединённый музей имени В.К. Арсеньева.

Российская Национальная Библиотека.

Центральный военно-морской музей Министерства обороны Российской Федерации.

Хабаровский краевой музей имени Н.И. Гродекова.

Duke University Library, Collection: Robert L. Eichelberger papers, ≪Digital Collection: Americans in the Land of Lenin: Documentary Photographs of Early Soviet Russia≫.

SCRC(Special Collections Research Center) General(Southern Illinois University Carbondale), ≪William M. Planert  Collection≫.

USC(University of Southern California) digital Library, ≪Mark L. Moody Collection≫.

Library of Congress, Collection: Album of the Amur and Ussuri Regions.

Library of Congress, Collection: Album of Eleanor L. Pray.

### 도시계획도, 한인분포 지도, 우편엽서 발행 목록

1906~1907년의 연해주 한인 분포도(러시아어, 1908년 발행).

План города Владивостока(러시아어, 1900년 발행).

План города Владивостока(러시아어, 1902년 발행).

План города Владивостока(러시아어, 1902년 발행, 위와 다른 버전임).

План города Владивостока(러시아어, 1909년 발행).

Backlist for Asiatic and Tropical Views, By D.R. Clark, Chief Photographer, With Transit of Venus Party to Russian Station, 1874.

Plan of the city of Vladivostok(영어, YMCA 1918년 발행).

### 인터넷 잡지, 검색 사이트, 공공기관 및 개인 사이트

러시아일간지 「Ежедневные Новости Владивостока≫(ЕНВ)」 인터넷 판, 2003.5.31.자 「Корейка"」.

인터넷 잡지 「Корё Сарам」 2009.5.26.자. Хан Владислав Викторович, 「Братья Хан (история из жизни корейцев русского Приморья)」.

인터넷 잡지 「Корё Сарам」 2014.2.6.자. 『Трудовые победы к-за им. Свердлова (Синендон), 1953 г.』

인터넷 잡지 「Корё Сарам」 2014.8.6.자. Ким Евгения Лаврентьевна, 『Об отце, о себе…』.

인터넷 잡지 「Корё Сарам」 2016.4.29.자. В.А. Королева, 『Корейская музыка в программах национального радиовещания на Дальнем Востоке России в 1926-1937 гг.』

인터넷 잡지 「Корё Сарам」 2017.7.4.자. 『Дальневосточный краевой корейский театр 1932— 1937 годы, г. Владивосток』.

인터넷 잡지 「konkurent」 2004.5.23.자. Егор Путник, 『Корейка: судьба-копейка』.

인터넷 잡지 「LiveJournal」 2010.1.2.자. 『Корейская слобода во Владивостоке』.

인터넷 잡지 「LiveJournal」 2010.6.30.자. 『Дальневосточники-азиаты начала XX века』.

인터넷 잡지 「VLADNEWS」 2008.9.5.자. 『Людмила Подгурская, Политический козёл Васька』.

https://argumenti.ru/history/n439/341821

https://biozvezd.ru/mihail-putsillo

https://fortepan.hu

https://humus.livejournal.com/7088121.html

https://konkurent.ru/article/33199/

https://koreantheatre.com/?page_id=16694 (История театра)

http://lontnesva.blogspot.ru/2015/12/vladivostok-nesvacilka.html

http://nasledie-eao.ru ≪Экспедиция Американской ассоциации помощи еврейской колонизации в СССР (ИКОР). 1929≫).

https://pastvu.com

https://pastvu.com/p/442724(Иннокентьевская церковь-школа).

http://pokrovadv.ru/istoriya/

https://real-zheka.livejournal.com/1965.html

https://ru.wikipedia.org/ (Переселение корейцев в Россию).

http://sibhistory.edu54.ru/КОРЕЙЦЫ // Историческая Энциклопедия Сибири. 2009.

https://veronicahaskell.gallery/digital-archive/ (베로니카 하스켈은 시할아버지인 머릴 하스켈의 유품을 2009년 블라디보스토크시에 기증한 후 자신의 인터넷 사이트에서 사진자료 공개를 폐쇄함).

https://www.loc.gov

https://yandex.ru "Американский экспедиционный корпус ≪Сибирь≫"

### 인터넷 골동품, 우편엽서 판매 사이트

https://meshok.net

https://page.auctions.yahoo.co.jp

≪РАРИТЕТЪ≫ https://www.raritetdvr.ru/ 블라디보스토크 소재 골동품 갤러리

https://www.ebay.com

https://www.delcampe.net